竹根堅勁

龍層花 著

商務印書館

竹根堅勁

作　　者：龍層花

責任編輯：毛永波　張宇程

封面設計：楊愛文

出　　版：商務印書館 (香港) 有限公司

　　　　　香港筲箕灣耀興道 3 號東滙廣場 8 樓

　　　　　http://www.commercialpress.com.hk

發　　行：香港聯合書刊物流有限公司

　　　　　香港新界荃灣德士古道 220-248 號荃灣工業中心 16 樓

印　　刷：美雅印刷製本有限公司

　　　　　九龍官塘榮業街 6 號海濱工業大廈 4 樓 A

版　　次：2021 年 4 月第 1 版第 2 次印刷

　　　　　© 2014 商務印書館 (香港) 有限公司

　　　　　ISBN 978 962 07 3433 5

　　　　　Printed in Hong Kong

1952 年我任理療技術員在科室大門外留影。

我四歲（站在媽前面），媽抱六弟，坐右側是二姐和
三哥。

闔家歡（前排為我及魏征；後排左起為大女冰兒、二子誠兒、三子躍兒）

2006 年初在美國北加州小兒子家後花園與來探望的
學員合影留念。

2011 年春，出席在北京人民大會堂召開的
學術會議，在天安門廣場留影。

序　言

　　2010年12月，在美國探親五年後，三兒躍子陪我回穗，年老體弱多病了，臥牀養病時，與女兒冰冰談心事，孩子鼓勵我寫回憶錄。我想現代青年真幸福，而我真是"生不逢時"，從小處於家、國多災多難之際。我人生至今能有這晚年幸福生活，全託賴國家培養教育了我。解放後，組織的教育，使我明白了舊社會的老百姓，不管你怎樣努力，都不能脫離苦難的社會原因，因此，我決心聽組織的話，努力學習和工作，力爭早日參加人民解放軍和組織，更好地為建設新中國做貢獻。除集體學習外，為了彌補個人的不足，業餘時間抓緊自學業務知識，為帶教新來同事和進修生，熟讀專業理論。經過政治思想的教育和個人的刻苦學習，我懂得立足本職，一定要樹立"全心全意為人民服務"的標準，學習白求恩大夫的精神，以《實踐論》和《矛盾論》的理論，指導我的醫療實踐，使我在千萬重困難中，能堅韌不拔地去克服困難，而不斷在專業上攻關，在實踐中去驗證和修正錯誤，完成我解放後的心願："為人類謀幸福，在醫療工作中為人類的保健工作作出自己應做的貢獻"。

　　回憶起這八十多年的歷程，人生路上的坎坷和艱苦，若以悲觀去認識，對個人來說是一種不幸；從樂觀去認識，人生的苦難，卻是一種意志的磨煉，小時懦弱的我，逐漸鍛煉到意志堅強，在逆境中，每遇難關，均能以不懈的鬥志去闖過；在順景之時，我能警惕懈怠。從醫後，在中西醫結合科研工作中，三十多年除完成日常繁重的任務外，用堅定的意志面對專業難點，做出一個個新的發展探索，使攻關項目隨歲月而“去舊迎新”。我希望通過回憶錄的寫作，能從一次次克服艱難而繼續前進的經歷中得到激勵，以此再次振作我“人到暮年”面臨困境的勇氣，亦可為後來者留下一些借鑒。

龍層花

目　錄

第一章　梅花香自苦寒來

一、苦難的童年

1926 年農曆十一月二十四日，我出生在廣州市，現在的東風路蓮花井街的兩幢紅磚小洋樓家裏。我的降臨，給這個幸福的家庭增添了一份甜蜜與喜悅（按：此樓當時被舊政府沒收時，房屋證件亦被沒收了，故解放後曾兩次申訴未果，因無證件而無法收回，一直成為廣州市人民政府的物業）。我排行第五，有兩位哥哥和兩位姐姐，哥姐們都是"梅花間竹"的，即大哥、二姐（果花）、三哥、四姐（麗花），我排行第五，按此規律我應為男孩，由於我又是女兒，父親為我命名為"層花"（多了一個女兒之意）。聽父母講，當年，父親是南（雄）韶（關）連（縣）會館的經理，母親是何香凝的書記，在廣州婦聯做婦女解放宣傳和文書工作。生活在二十世紀二三十年代，相比廣州普通百姓，當時我的家庭環境是比較優越的。父母積極參與、支持革命，是有身份和地位的人，有穩定優渥的經濟收入，故 3 歲前的生活是很幸福的。

　　我的童年本應是幸福的，遺憾的事於 1929 年底發生了。父母被貪財者告密，當時的國民政府以窩藏“共匪”罪，沒收了我家全部財產，父親幸而逃脫，母親抱着尚未滿月的六弟被捕入獄。我以上的四個哥姐由堂叔送回英德老家，我 3 歲多，由外婆抱回舅父家撫養，苦難的童年開始了。一夜之間，房子、家產全沒了，父母一個逃難，一個坐牢，兄弟姐妹六人成了苦命的離散“孤兒”。

　　聽爸爸、媽媽、外婆、阿姨、舅父們講：外婆抱我回到舅父家，舅父無力撫養，外婆無奈之下，將我送往廣州的孤兒院託養。在孤兒院裏，我生性較活潑，且長相端莊，面目清秀，又聽從老師訓練，成為能歌善舞的一員，很快就被院方挑選做了迎賓小演員。每當有客人前來參觀時，我和幾個小夥伴一起，負責為客人表演節目。表演時，老師給我們穿着院裏提供的演出服，打扮得漂漂亮亮的，可客人一走，保育員便立即把那套漂亮的衣服從我們身上一把剝下來，換上平時穿的那些又舊又破的衣裳。那種屈辱，在我幼小的心靈裏，留下深深的傷痛。雖只是半年的日子，但至今大半個世紀我仍清晰記得那段孤苦伶仃、孤立無援、傷心而又無奈的片段，那種苦澀滋味。雖過了幾十年的歲月時光，仍不能平息內心深處的悲憤之情。

　　母親半年後出獄，捨不得繼續讓幼小的我在外面受苦，決心贖我出來。到處借錢將我贖出來後，因為房產被沒收，一家人居無定所，只好仍將我安置在舅父家裏（交生活費）由外婆撫養，8歲才回到父母身邊。

　　我從3歲到8歲，都是住在舅父家，由外婆撫養。我住舅父家時，他已改行在一間飯店裏工作，擔任"講古仔"工作（按：就是為飯店的客人講中國古典故事，有如現代的"連續劇"，北方稱為"說書"），飯店因而能讓一批顧客為追聽故事每天按時來"飲茶"，他的收入很低微且不穩定，顧客少的時候就不講，也就沒有收入，家境很窮困。舅父不開工時，在家也給我"講古仔"，有時講古典佳作，比如《三國演義》、武俠小說等，有時講妖魔鬼怪。而我喜歡聽他講神話故事，諸如封神榜、牛郎織女、八仙過海之類。我常見舅父三兩日只買一小紙袋米回家，估計約兩三斤左右，每餐下飯只有手掌大小的一小碟鹹菜：豆豉或欖角、或蘿白乾粒，從來沒有炒菜或煲湯。過春節時，他會從飯店端回一碗客人"食剩"的"大雜燴菜"，內中會有些肉骨頭或雞頭頸腳等"上菜"。

因病不能按時入學

　　由於長期營養不良，我小時候體弱多病。因病被學校拒收，拖延到8歲才入學。按廣州市當時的規定，

6歲是入學年齡。可我5歲多那年常發高燒不退，又無錢看病，父母仍在"難"中，住無定所。外婆求助無門，只好背着我去"求神拜佛"，吃過多次"符咒灰沖茶"亦無效，不久由高燒轉為低燒，頸部"生癧"（按：從醫後自己診斷為"結核性淋巴腺炎"，當時只叫"生癧"，中醫稱"瘰癧"），頸部瘰癧普遍腫大，大的如鴿蛋，小的似花生仁，不痛，無醫無藥到6歲時仍無好轉。舅父告訴我，因家窮家裏未能供他多讀些書，他幫我準備入學考試，教我寫名字、中國數字和阿拉伯的數字。舅父當時帶我去現在的中山五路小學（解放前叫市立第十一小學）報名，考完了，老師說雖然合格可以入學，但因頸部淋巴結腫大，怕傳染別人而不批准我入學，我聽後立即哭了。

土方治頑疾

外婆為此心急如焚，到處打聽有何方法能治我的病，最後有街坊朋友介紹一個"偏方"：每日食"燒烤蟑螂能治瘰癧"的"秘方"。當時舅父租住在光塔路一條小巷的一座古老大屋內，記憶中這巷口正對着光塔，有五六戶人家共住，共用大廚房，夜裏廚房會跑出很多又肥又大的蟑螂。外婆找來三個玻璃瓶，類似現在的大啤酒瓶，瓶內滴兩滴生油（花生油），每天放一支在廚房灶台角，將瓶斜靠在牆角壁上，次晨總能裝滿一瓶蟑螂。

蟑螂外號"偷油螂"，喜吃油，進入瓶子後腳上黏油，瓶壁很滑，所以爬不出來了，連續三晚就有三瓶了。從第四晚開始，晚飯後不久，在當年晚上照明的小豆油燈旁（窮困人家，尚用不起電燈），外婆叫我坐在她身邊，她拿起第一瓶蟑螂（餓了三天，據説已排清糞便），倒出一隻捉在左手裏，右手抓住頭部一扭，頭身扭斷一拔就將翅膀和腸子抽出，再扭去幾隻腳，我看外婆拔下她頭上的"銀簪"（按：那是當初她出嫁時的飾品，習俗中出嫁要將辮子梳理成球形結，用銀簪穿插定形），將蟑螂腹穿串起，在油燈上以火燒烤熟後，用手拔下就給我吃了。一晚吃上二三十隻"燒烤蟑螂"，逐漸有了效果，瘦弱乏力改善了，頸上的大粒瘰癧漸縮小了，大約一年多左右，頸癧消失（按：現在分析，蟑螂除藥用作用外，應屬高蛋白質營養品了。）。

大哥因貧窮而病故

我 8 歲前，父親與朋友在現今的解放北路（解放前是中華北路，周家巷口斜對面），建起三棟小洋樓，由同鄉的好朋友合作，郭寶慈伯伯和盧泰如叔叔投資，我爸負責設計，並組織施工建造和裝修。其中有一座兩層的是木樓板磚結構，兩棟是鋼筋混凝土三層樓，我家分到磚結構兩層的那棟，全家住在二樓，樓下租給一位老闆開理髮店。

　　我 8 歲時，父母接我回到家裏，暑期送我考入市立第八小學（現解放北路周家巷內），成為該班年齡最大的學生，我也是兄弟姐妹入學最遲的一員。當時我很天真的想，回到父母家，兄弟姐妹七人生活在一起，我多麼幸福開心喔，我想從此將會脫離苦難日子了。

　　我大哥龍應台比我大八歲，是廣州市智用中學（現廣州市 28 中）高中二年級學生。我回家哥姐們都很疼愛我，大哥每晚教我讀書認生字，作入學考試準備，二姐帶我同牀睡，晚上給我講故事讓我安然入睡。我沉浸在溫馨幸福中。可是這只是很短暫日子，不幸的事又發生了，大哥在珠江荔灣河游泳，因腳抽筋溺水後發高燒，到唐拾義醫院看病，用一塊大洋拍一張 X 線胸片，診斷是“大葉性肺炎”。我第一次看到這張 X 線片上，大哥的近心那邊的上半部是黑色的，二姐告訴我大哥這塊肺發炎了。聽媽媽說，入院就醫診治，需要十塊大洋作按金，據說有磺胺藥能治好。我父母到處借錢卻未能籌足，無錢交按金入院，只能門診看病，不到一週，大哥因肺炎就病故了（當時尚未發明抗菌素，大葉性肺炎死亡率極高）。我大哥身材高大，我邊大哭邊抓住放入棺材的大哥右手。因錢少，買回的棺材略小一點，我看見大哥兩腳屈起不能伸直，我大喊不讓蓋棺，拼力推開工人，最後被人用力抱走，我聽見蓋棺打釘時大哥的腿或是斷了，那一聲"劈啪"巨響讓我此後多年常會夢中驚醒。

我從醫後發誓要"救困扶貧"，做個醫術醫德雙全，貴賤一視同仁的醫生。六十多年後，有幾位學生曾因我教學診病不計較報酬而勸我："龍老師，您要知道您的身價和技術價值有多高呀？"，希望我對外要有"架子"，對報酬要求"高價值"。他們不懂得"科學（科研成果）"是屬於人民的，個人的成長是人民培養出來的，金錢是人"生不帶來死不帶走"的物品。我在苦水中泡大，哪能不懂錢財的作用呀？可解放後的我，已有衣食住行都好的好日子過，隨着國家的復興，一年比一年改善。媽媽教我："知足常樂"，做人需牢記"知足者貧亦樂，不知足者富亦憂"，是我終生牢記的家訓。我認為，每個人生活在社會中，都會身處某個階層，也免不了受當時的思想潮流的影響，但若有一個"主心骨"（新詞謂：正確的人生觀），就能"出污泥而不染"，就能"同流而不合污"。

讀書的黃金日子

1934-1937 年是我這一生中，唯一正規在校讀書的三年。1934 年暑期，大哥病逝，父母精神上受到極大的打擊，盧叔叔為了緩解我父母的心靈傷痛，關照我家搬離木樓板磚結構那棟樓，去他家那棟樓的三樓住。是年秋月，大哥去世約兩個多月之後，八弟在此出世了。大哥去世前，三兄弟的名字是：龍應台（大哥）、龍烈台（三哥）和龍柱台（六弟）。大哥出殯，葬在白雲山腳下，該地名叫"三台山"，我父信風水，心裏極為忌諱，他心想三個兒子合起來不就是"三台"麼？故當八弟出生時，將三哥龍烈台改名龍 X 士，六弟龍柱台改名龍 X 農，八弟命名為龍 X 工。聽媽媽說，選此名字是因為他多年追隨孫中山、廖仲愷、何香凝、葉劍英等從事革命，尊崇孫中山提出的"工農神聖""扶助農工"的革命思想理念，而選用"偉大的士農工商"的意義為兒子們命名。

1934 年暑期，我和六弟一齊考入市立第八小學一年級。六弟才 5 歲，正規應 6 歲入學，是班裏年齡最小的，而我 8 歲，是全班最大的，老師指派我當班長。我有了大哥的輔導，帶着久盼入學讀書的渴望，學習勤奮，又比同班同學大兩歲，故成績最好。當時學校容許學期總成績前三名優秀學生可以跳級，我在三年內跳級兩次，二年級上學期和三年級下學期均免讀而跳過，三年完成四年初小的學業，各學期的成績，順讀時均在前三名內，六個學期中，三次第一名，跳級後的兩個學期，仍在十名以內。

我獲通知升入五年級，正當興奮之時，"七七事

變"爆發了。廣州開始為日寇飛機偵察騷擾,有警報,
經常組織居民防空,政府部門和許多學校都在不斷遷離
廣州,廣東省政府已遷去韶關了,街坊們(我的同學)
開始搬家避難了。

二、坎坷的青春年華

八年抗戰時期的艱苦磨煉

1937-1946 年,從抗日戰爭起始要搬回老家英德,
這次的"國難"給我當頭一棒,把我甜蜜的讀書美夢震
碎了,晚上在牀上,二姐抱住我,兩姐妹痛哭很久,當
時我只為學校停辦遷走,不能讀五年級而哭,還不知道
二姐為何也那麼傷心。

第二天二姐很早就起牀,手提一個包袱,我起牀看
到她摟着媽媽哭,聽到媽媽耐心教導她"要堅強地參加
救亡工作,離家自立要保重身體⋯⋯"她見我起來了,
擦去眼淚撫摸着我的頭叮囑我,要幫助爸媽照顧好弟
妹,要繼續抓緊時間努力學習。我目送二姐給祖先神
位燒香禮拜後,再拜別父母,背上包袱下樓去了。過
了十幾天,媽媽利用星期天假日,只帶我一人去探望
二姐,從家出門向北步行出了大北門(現在解放北路的
盤福路口),已到農村(名叫西村),沿西村公路(現流
花路,當年的鄉村車道,是較窄且凹凸不平的泥沙路

面）走約半個鐘左右，看見一座與中山紀念堂近似的大樓，紅牆綠瓦的大樓房，媽媽告訴我才知道，二姐是因家窮無錢供她讀中學，而考上免費入學的軍醫學校，讀護理班學護士。她的學校就是現在的廣州軍區廣州總醫院（當年是國民革命軍軍醫學校的附屬醫院）。二姐住的宿舍，就在這座外形很美的大樓的四樓，即現在的華僑樓病區，我由媽媽牽着手走上大樓頂層左側的四樓宿舍，斜形的大屋頂下，很悶熱，有幾排簡單的木牀，二姐排行24（同學叫她"廿四姑"），她穿着白色的工作服，頭上有折成半方塊的"白帽"，我幾乎不認識了，也不敢叫二姐了。她先領我們下樓往後走，告訴媽媽她們入學就接受軍訓，指點幾幢大樓介紹病房、教室，最後帶我們到一間半圓形的階梯教室（解放後改名小禮堂），在這教室旁有間房子內有很多像舞台樣的白磚台，我才10歲較活潑，就隨意爬上去跳舞給媽媽姐姐看，二姐對我說："你不問我就上去跳，知道裏面有甚麼嗎？"我搖搖頭就跳下地來，二姐將蓋打開給我們看，我即嗅到一種很刺鼻的辛辣味，眼睛也刺痛流淚了，就用手帕蒙住口鼻。二姐告訴我們，這些都是老師給她們講解剖課用的屍體，用藥水泡着就不會腐爛了。

"七七事變"至抗戰勝利後，九年內，除了逃避日本鬼子的轟炸、進村搶掠外，我11歲初小畢業即輟學，回鄉後，開始學農務農，從一個城市小女孩，磨煉成一個農活熟練、上山砍柴、炊事製鞋的農家能手。在這段艱苦磨煉的歲月裏，我銘記四伯教導我的古話"吃得苦中苦，方為人上人"，我在家鄉種竹子，觀察到竹子堅韌不折的個性，竹根和竹鞭生長在瘦瘠的土壤中，竹鞭常從石縫中穿行，那種堅韌的力量，成為我個性養成的激勵者。我掙脫失學的悲戚，發奮自學，開始"工讀兼顧"，後來擔任小學教師，任教六年。

在這九年的苦難歲月裏，受到父母的鞭策和耐心教育，兄姐對我的鼓勵，叔嬸親友的幫助，更是由於生活中的艱苦磨煉，使我從一個懦弱膽小愛哭的小女孩，逐漸磨煉成一個勇於面對現實，不怨天不尤人，刻苦耐勞，腳踏實地苦幹加巧幹的開朗性格，尤其任小學教師那幾年，在父母親給我的處世觀之外，有機會學習同事的優良作風，培養成愛國家恨侵略者的愛憎分明的"主心骨"，又養成"嚴以律己，寬以待人"的坦蕩胸懷，在國難當頭社會動盪的歲月裏，能從正面去認識和對待社會上的許多不平事，逐漸養成"拿得起、放得下"的寬心處事習性。

1937 年秋天，我們一家人乘火車由廣州路過英德到大坑口站，才下車，我問四伯，我們都稱爸爸為"四伯"，這是因為爸爸原有的結髮妻子（按家鄉習俗我稱她

"姥姥")所生的兒子幾個都未能養大成人，我媽媽從生大哥後就不叫"爸爸"，而改叫"四伯"。我説："四伯！為甚麼不在英德站下車呢？"他告訴我，我們家鄉遠離英德縣城（屬英德"東鄉"的最東端與翁源縣交界處），要在大坑口轉坐汽車到翁城，之後步行約 3 華里到鄉裏，到鄉後還要步行走約 6 里路才能回到老家。我看到媽媽面色青白，額上出汗，未滿月的九妹在哭，媽媽給她"餵奶"，但小妹還在不安地哭。後來三哥進到一家店裏，一會兒出來，將奶瓶交給媽媽，給吸奶瓶小妹才不哭了。回鄉後我才知道，原來媽媽有咯血的病，產後出血又多，沒有奶水，可憐的小九妹餓了無奶吃，只好餵些煉奶水。回到家鄉，從廣州帶回的煉奶吃完了，九妹才半歲，就只能餵稀飯了（較稠的白粥）。我家鄉是客家族，餵幼兒都由大人口嚼稀飯（廣州人叫粥），用右手食指將嚼綿爛的飯粥從嘴內撥出餵給小兒吃，我那年 11 歲，就幫媽媽"背哄"小妹玩，也學着大人嚼飯餵小妹。

四姐是我學"農活"的"老師"。1929 年，她 5 歲時，父母遭難，堂叔將我四個兄姐護送回老家。事件平息後，大哥、二姐、三哥先後接回廣州讀書，四姐由"姥姥"撫養長大，習慣了家鄉環境不願回廣州，在家鄉讀過一年私塾後，才入小學讀書。她從小就學會幹農活，身體好，很能幹，她不僅會做一般澆水、耕耘等輕活，連男人做的使牛、犁田耙田、掄斧砍樹、劈柴等力氣活，也均如哥們似的幹活。我到家鄉不幾天，就跟她學會打井水，用兩個小水桶學挑水，學會換肩挑擔，逐漸學幹各種農活。四姐疼愛弟妹，頭兩年她不讓我幹重活，但在她的影響下，我更努力爭挑重擔，還未到12歲，就改用兩個大桶挑水，還學會種菜了。

到家鄉後先學挑水，要學會用小吊桶從深井裏打井水，再學脫鞋光腳走碎石路，起初光腳走碎石路腳底刺痛，就似跳舞那樣一拐一跳的，連着半個多月腳皮適應了，就能與小夥伴們結伴上山。農活開始學耕耘，起初挑一點肥料去田地，踩上那窄窄的田埂（草地或爛泥地），都似廣州街頭賣藝演員初學走鋼絲，多次跌下田裏，有幾次連人帶擔子都倒入泥水裏，叔嬸們不但不笑話我，還都鼓勵我不要怕，眼看前面大膽走，多走就能踩穩的。第一次學耕田，左小腿被一條大螞蟥叮住吸血卻毫無感覺，牠已滿腹吸飽，那條螞蟥很大，頭尾足足繞了我小腿一圈，我一點異樣感覺都沒有。當我完工上岸後，我七嬸（她右眼盲了，只有左眼）看到大聲叫我四姐："麗花！你五妹腿上有條好大的'蝴蜞'喔（我家鄉叫螞蟥做"蝴蜞"）！"四姐正收拾我的籮筐，放到她擔子裏，好讓我只提扁擔桿走，省得吃力。聽七嬸說我左腿有條大蝴蜞，她也很怕，我看見螞蟥就嚇壞了，直哭，用力蹬腿，也甩不掉，一點用都沒有。四姐不敢用手捉，就拿一支樹枝插在我小腿與螞蟥之間往外拉，螞蟥尾拉開又不放口，樹枝滑脫其尾即刻再吸在我腿上，拉開牠的口，我小腿鮮血直流，牠一滑開樹枝又吸住出血的傷口繼續吸血，我忍不住大哭亂跳，拿把禾鐮刀就想往小腿砍去，被四姐一手捏住。七叔聽見我們吵鬧，就走來叫我站好，他折下一支樹枝，在他的竹煙斗裏挖了些煙油塗到螞蟥口和身上，螞蟥即掉落到地上。七叔又從他煙袋裏抓些煙絲按壓住我出血的傷口，四姐解下手帕幫我包紮起來。左小腿這個傷口感染了，轉成慢性潰瘍，時輕時重，遷延四年多才痊癒，遺下一個銅元大的疤痕。

我初次跟四姐上山，替地主砍樹柴，因臂力不足，用力將斧頭劈到樹上而滑回到自己的右小腿上，褲子小腿都被斧頭劃破，流血不止，我跌坐地上，用手大力按住切口，四姐一見叫我壓住勿動，她採摘一把嫩葉（止血草藥），雙手揉成藥團敷在流血的傷口上，再解下刷汗手巾包紮好。第二天她不讓我去開工了。我和九妹去廁所時，她發現了我的傷口，深可見骨頭（即蒼白色的脛骨骨膜），把她驚駭得大叫："哎呀！五姐你的腳骨都見到啦！很疼嗎？"我馬上按住她的嘴，要她不能告訴父母。

　　六年間，我覺得我好像很快就長大了。剛回家鄉時，父母從廣州帶了些錢回來，還能買些米和番薯雜糧，全家尚能溫飽。我家祖上分給我父親的，只有一斗種的良田，父親在穗工作時，先後買到一些靠大山邊的幾塊不規整的較瘦瘠的田（山邊旱田），約有四斗半種（按：一斗種地的面積約 462 平方米，1 畝 = 666.6 平方米。），合計五斗半種的田，約等於 3.8 畝。父母均不會耕田，由我們三個兄弟姐妹勞作，一年三造收成：夏秋兩造稻穀和番薯、芋頭、花生、豆類，冬春一造用少量旱田種小麥或燕麥（我家鄉叫花麥），大部分水田會將稻頭和田上野草翻土變成綠肥。原本可夠一家 11 口的食糧，但因祖上只分到半間住房，要租三間半住房、一間廚房和一間養豬房，每間年租是一或兩籮穀（50 / 100 市斤 / 每間），交完房租，口糧就不足，只能早晚餐煮粥吃。為照顧年老的父母和小弟妹，在煮粥當米熟時，用竹篓子先撈出三小碗飯來，爸媽各一碗，七妹八弟分吃一碗（媽媽常留半碗分給爸爸和小弟妹吃）。若早餐有少量剩餘稀飯（粥），加水煮成粥水喝。午餐以番薯和芋頭為主食。當年父母任教師，工資以糧代薪俸，正常年份一般還能勉強維持三餐；遇天災和鬼子入侵年份，父母不能去教書時，或天災主糧歉收，從春節到夏收前都要借糧補貼，俗稱"青黃不接"。有時借不到糧，我們成年三姐妹常捱餓度日，有時實在餓了，就在煮豬食的鍋邊灶上（按：豬食多用番薯芋頭的苗梗葉加米糠同煮，冬春無薯苗，則是挖野菜或芋苗乾加米糠煮），鏟些煮豬食的米糠沸出灶台烤焦的糠鍋巴來吃，也能充一時之飢。

1938 年初，媽媽根據日本鬼子由海上入侵廣東情況，預知逃難已非臨時之事，獨身一人冒險返回廣州，搬運一批衣物、用品回鄉，其中一套紅木茶几和八仙椅（八張雕花靠背椅），一套雲石餐桌凳和一台縫紉機。媽媽是縫紉技師，針線活精細，為了彌補家用不足，她開始在家承接衣服縫紉，並讓我晚上幫她縫挑布鈕扣。是年我 12 歲，日間跟四姐學耕田種菜，已很勞累，晚上學縫製布衣鈕扣，初期常會犯瞌睡，針刺傷手出血。媽媽看在眼裏痛在心裏，問我："層花疼嗎？"我忍痛搖頭答"不痛"。我在油燈的微弱光中看見媽媽在流淚。我聽堂嫂說喝濃茶可止瞌睡，晚飯後就跑去她家廚房要些濃茶，飲後真能減少瞌睡，此後上山割柴草時，也學着摘些野生茶樹葉回家揉炒成"粗茶"，由此開始，我逐漸煉成"夜貓子"了。但畢竟是少年，夜睡就難以早起，每晨不到 6 點，四伯就在我們睡房門口，用拐杖由輕漸重扣門，總用客家話唸着"起牀囉！起牀囉！三天早起當一工囉，三年早起不會窮囉！"這一"訓練"，把我培養成夜睡早起的習慣。四伯要我抓緊自學，練字。我就利用上山坎柴或長途跋涉中途休息時，撿樹枝在地上練字，對平時寫不好的就重複寫。那時的繁體字，較難規範，就在地上先畫方框，再在框內寫，自己有困難就請四姐改正，記得"为"字的繁體"爲"總寫不好，練了半年多才達到滿意而停止。

在 1939－1942 年非常艱難的幾年裏，我非常感激我的七叔一家。祖父母生了七個兒子和一個女兒，七叔是我爸爸（老四）的小弟弟，分家後只有我家和七叔家住在老樓裏，老樓正名叫"壁合樓"（按：客家人的圍屋，似座小城，正方形，四角有座三層高樓，有槍洞，樓前牆有大門和左右兩個側門，據說古時為防強盜或打仗，樓壁近一米厚的鵝卵石砌牆腳約二米高，其上是堅厚的大泥磚）。

七叔、嬸有四個兒子，除小兒子當兵在外，大兒子主持，三個兒媳參與農事，二兒販賣豬仔，買到好的豬仔就留下家養，七叔帶着三兒造酒、賣酒（本地叫雙蒸酒，較清醇而廣受讚譽），酒糟渣餵豬，使豬很快成長為大肉豬，他家因此由貧苦而很快發家致富了（按：解放後土改時，評為富農。據說按他家原來情況只能評為貧農）。七嬸和兩位堂嫂都很同情我和四姐，七嬸在家帶養孫兒女，並要煮飯，有時見我們吃不飽，會送些粥或薯仔給我們吃，七叔若看見我背弟妹去祠堂玩，常招手叫我去酒坊，用手抓一團酒飯給我吃，由於母親經常教導我們要"人窮志要堅，不准我們貪吃別人的東西"，因此，雖然七叔叫我餓了就去酒坊找他，我經常會有意避開七叔七嬸的。

回鄉九年，風風雨雨的歷練，鄉親中有各樣人品，我深切感受到人情世故，親情中患難相助的恩惠，讓我終生銘記。父母給予的家教，舅父講給我的古典俠義小說，使我從小就懂得"知恩應圖報"，"受人滴水之恩，當以湧泉相報"的傳統道德，培育了我立志要成為"助人為樂"的社會一員。這也是導致我在 1950 年以後，五十多年的故鄉情結，盡個人微薄之力，為家鄉培養了11 名技術人才的理念所在。

劫難中兩次抓到學習機遇

1937 年暑假，為逃難回家鄉即失學了。回鄉後，父母先在本村教書，以後更多時日到外村教書，爸爸帶六弟往"麥岑村"（離家往北約 30 華里），媽媽帶着七妹八弟和九妹往"神山張屋村"（離家往南約 40 華里）。爸爸處的口糧由四姐送，媽媽處的口糧由我送。媽媽時常會生病，較重時不能講課就叫我去代教，當時媽媽任教的村小學只有初小，看到媽媽的課件我都能懂，按我理解的思路講，還很受學生的好評（按：當時我才 14－15

歲，13 歲時因傷寒大病一場，發育較遲，好些學生比我大 3－5 歲，比我高很多。我以腳尖着地，高舉右手，粉筆只能在黑板的下半部分寫字）。1940 年 1 月，爸爸辭去翁源縣某小學教師職，應本鄉橫石水鄉中心小學（有高小）聘請為教務主任（爸爸是清朝末年最後一期科舉秀才），我們村距這間小學約四華里左右，我請爸爸為我向校長求情，准許我走讀五年級，四姐知道了也要求去讀五年級。經爸爸的懇切請求，校長批准了，我高興得一蹦三跳，拍手慶幸。六弟跟父親住校，我和四姐為了讀書，起早貪黑抽空幹農活。農忙時常要請假，有時來不及請假而曠課。一晃兩年過去了，中心小學的校董們認為我兩姐妹曠課超過規定，不准我們參加高小畢業考試（總考），我聽到這項決定，在課堂當眾失聲痛哭。同學們安慰我，跑去跟教務處講理，解釋說我們姐妹兩年中缺課，是因耕田非有意逃學，兩年的成績均保持優良。我的班主任林名勳老師（全國解放後，我才知道他是粵北地下黨領導人）發動教員寫請願書，為我們申訴情由，老師們證明我們的成績優秀，要求校長批准我們參考。校長與董事們協商後，允許我們參加考試，但若不及格即取消學籍。爸爸鼓勵我們努力備考。1941 年 12 月最後出榜，我第一名，四姐和六弟亦取得良好成績。老師們和校長都讚揚我姐妹有志氣，爸媽和哥姐們都稱讚我們"很爭氣"。

偶一機遇，從代母職獲准簡師旁聽生

1941 年 1 月，我 15 歲，媽媽受聘在英德縣立輝南中學（距家約 50 多華里）任文書職，因咯血病復發，就託人捎信叫我去代她抄寫報表，我到校後，發現剛好新辦的一年制"簡易師範班"開課，就跟媽媽商量，請求校長允許我旁聽這班課程，教務主任叫我去辦公室，問我日間課程排滿了，怎能完成文書工作？我誠懇地回答説，請相信我，保證不影響工作。主任同意我試聽一週，我每天上下午去上課，中午和晚上工作和完成作業。一週下來，主任很滿意，經他向校長請示，同意我旁聽。我雖無學籍，校方不但讓我旁聽，還准我參加考試、實習，均與有學籍的同學一樣。半年後母親康復，已可工作。由於我讀"簡易師範班"的成績優秀，校長同意我參加實習，我就在門園太鄉九、十聯保小學參加實習。

教務主任找我和媽媽去談話，他説按規定沒有學籍的旁聽生，是自尋職業的，門園太鄉九、十聯保小學的鄭校長，點名要求將我分配給該校。輝南中學的教務主任告訴鄭校長，我只是旁聽生沒有學籍，鄭校長説她會如實上報，仍決心要聘請我去任教員。由於我勤工苦學的表現，實習時教學質量優秀，很受學生好評，輝南中學決定同意發出分配介紹信。

抗戰期間鄉裏小學，設有鄉級中心小學和聯保小學，都是一至六年級的全日制小學，教師都是有師範學歷的，每位教師從一年級起，跟隨該班一直教到六年級畢業。可惜我在門園太鄉九、十聯保小學只教了一學年，鄭校長調任縣立中學工作，接任的李校長知道我無學籍，他怕我教高小有困難，由他介紹我到青塘小學任教。李校長接任後這學期裏，有空常與我下象棋，他棋藝了得，不看棋盤臥牀口述棋路，我都難以取勝，但我的棋藝亦得到了歷練，也學懂一些神奇的招式，尤其是"棋局"的巧勝思路。

在青塘盧屋村當教員（村級小學，只有兩位老師，教一至四年級），我和四姐（四伯請盧泰如世叔做四姐的擔保人，而邀請四姐也去任教）兩人教四個班，老師按課程安排負責講課，另兩班由班長管理，在課堂複習或做作業。學年將要結束，剛開始期終考試，日本鬼子又來掃蕩了，只得匆忙結束，逃回到家鄉避難了。次年開春（春節後），青塘小學再來聘請，我以照顧家庭為由（實為避免校長的追求，詳見後文）推辭了，而受聘於離家最近的橫石水鄉六保小學（又名江古山小學）。這一年，農民耕種很艱苦，尤其在作物成熟時，日本鬼子會來各鄉搶劫擾亂，姦淫婦女，被姦婦女被殺或自殺的傳聞很多，人心惶惶。

在校長們薰陶下，積極參與抗戰救亡宣傳工作

鄭校長和李校長都是愛國救亡的積極分子，在兩位校長的宣傳薰陶下，我懂得每個中國人都應有抗戰救亡的責任。在聯保小學時，我擔任算術課和音樂課，音樂課無課本，為了抗日救亡，我就選抗日歌曲自編成冊，用蠟板刻字油印歌集教學，其中有很多充滿戰鬥激情的作品：《義勇軍進行曲》、《大刀進行曲》、《在太行山上》、《到敵人後方去》、《在松花江上》、《春天裏》、《讀書郎》、《賣報歌》等。我用音樂鼓勵學生鬥志，用歌曲勵志精神！

1937 年前，我在廣州讀小學時，每年都有許多"國難日"，例如甲午戰爭失敗簽訂的馬關條約日，全校師生集合升國旗（國旗升到頂要降下一半，以示國難）、唱國歌。校長訓話，講國恥的歷史，常動情傷心流淚哽咽，勉勵師生救國圖強，勉勵我們要發奮讀書。

我二姐參加了紅十字會救護隊去了緬甸、雲南，姐夫後考入國防醫學院讀書。二姐由於受父母教育而嚮往延安，曾輾轉到西安，擬找八路軍辦事處，未果。她在台灣任護士長時，被人告她投共而被捕入獄，險被槍斃，經多人為她作證後才獲釋。退休後在台灣病逝，享

年 80 歲。三哥抗戰初期（1938 年）投筆從戎，考進國
民革命軍軍官學校（黃埔軍校貴州獨山分校）陸軍步兵
第 17 期，畢業後歷任排長、副連長及營副官，從粵北
轉戰多地與鬼子激戰過多次，1945 年日本鬼子投降後，
部隊奉命北上到天津。眼看將打內戰，他從小聽父母講
國共合作故事，不願打內戰，借出差機會，由華北到上
海找二姐商量，決定私自離隊回廣州另找工作，後隨妻
子定居於香港，就業於某輪船公司當海員，六弟患病期
間，他曾兩次回來探望。後因一次海運於東南亞時，遇
颱風大浪，跌傷左肩後失業，由朋友介紹在香港某小區
任門衛，老年多病，1989 年患中風致右側偏癱入住老人
院，我多次到港探望和經濟資助他，1991 年病逝，享年
69 歲。

日本圖謀打通粵漢鐵路未遂

日本鬼子於 1938 年 10 月 21 日佔領廣州。1938 年
12 月至 1945 年投降前，日本鬼子多次掃蕩粵北，反覆
入侵到我的家鄉粵北英德山區，傳聞鬼子圖謀由廣州沿
粵漢鐵路，向中國內地侵略，要與東北、華東入侵的鬼
子會師。1943－1945 年是最瘋狂的兩年。1938 年為逃
避日本鬼子掃蕩，全村老幼兩次逃入大山。第二次是我
患傷寒病後，頭髮脫光還未長好，身體很虛弱，背着九
妹走入第二重大山後，走平地還能跟上父母，可爬高山

時要張開嘴喘氣，走得很慢（按：解放後初次體檢時，懷疑我患風濕性心臟病，後診斷是心肌炎後遺症）。進山之前，三哥和四姐把唯一的小豬殺了（按：我們鄉裏習慣，各家年初買小豬養到年底時賣出，或過春節時殺豬，賣大部份，留小部份臘肉供次年食用），將豬肉臘一半，鹽滷一半放在瓦罐裏，還自製臘腸。在山裏看着三哥、四姐割了茅草，砍了樹枝和竹子搭起小茅屋，用草墊地鋪，全家睡在草鋪上，在山上挖土灶煮粥和番薯，那是初次嚐到逃難的野外生存的滋味。

約一個月，聽説鬼子退了，大家又回到村裏。回村後，三哥響應國家召喚：投筆從戎，與村裏的幾位同齡叔姪，拜別父母離家參加抗戰走了。

二姐和三哥離家去抗日了，爸爸年紀大，媽媽生病，1941年前三年中，四姐成為弟妹們的"老大"，媽媽為我與四姐作了分工：她負責農事的工作安排，我主持日常家務、照顧生病的媽媽和弟妹。媽媽生病時，我背着九妹挑水煮飯。平時，媽媽身體好，我與四姐耕田和上山割柴草。記得我在青塘小學任教很受歡迎，第二年該校董事再來請我，他見我上山砍柴擔一大擔木柴回來時，他很驚訝地望着我，確認無誤後，就讚賞地對我説，你是真正的"文武全才"，我表示"不敢當"。我因要他久等而道歉，問他為何不在家坐而到曬穀場立等呢？

他坦誠地说：聽我媽媽解釋過決定不應聘的理由，有點不信，教書先生還上山砍柴？他決心等我回來，再請我去他們村任教，他是受盧屋村的家長們委託而來的。我告訴他主要是鬼子常來侵襲，父母和弟妹需要我照顧，離家較遠怕難照顧家，他很不情願的告別走了。是年我就在鄰村任教。

1940 年後，常有敵機來村低空偵察，村裏以打鑼為號，村民聽到打鑼就跑回家或躲入樹林以防敵機機槍掃射。有一天我正帶着八弟去菜地除草，打鑼聲急，八弟穿的是件紅色上衣，因家和樹林都離得遠，已來不及逃避了，我只好拉着他跑到另一高田坎下無水的田埂溝處，將他臥在溝裏，我穿黑衣服就仰臥在田埂上斜身遮住八弟的紅衣。敵機在很低空盤旋了兩圈，我都能看到飛機師，很怕他發現我而開槍掃射，只好鎮靜地一動不動，敵機最後對我村三幢大樓：新監樓、壁合樓和新樓（有小城樓的圍屋），各扔了一枚炸彈，幸好都沒有炸中，也無人員傷亡。

秋收後不久，村裏族長們通知全村進山疏散，之前已有些人進山了，村裏組織一些留守人員警戒，這次就叫大家全部上山。父母催促我們先走，四姐擔食物，我擔用品帶領弟妹們往大山奔跑，入了“山門”，才發現原來鬼子並非撤回翁源，而轉移至黃竹溪河對岸，已架起

重機槍，向我們猛烈掃射，幸好我們姐弟妹六人已進入
"山門"，我拉住弟妹躲在大石後一動不動，耳聞子彈呼
嘯而過，有些子彈射到山岩擊出火花，花崗岩石堅硬，
常有子彈撞岩彈回來，我擔心弟妹被流彈所傷，就用雙
臂攔住八弟九妹到石門內壁旁，自己背向高岩，想用身
體遮擋反彈來的流彈。六弟發現父母未能入山而大哭，
我生怕哭聲暴露我們，即用手捫住他的嘴，要他"忍氣
吞聲"。待到黃昏鬼子撤退，回村找父母，父老母病未
能跑出村，只好躲避在村邊別人的茅廁裏，幸而未被鬼
子發現。這次鬼子進村，鄰村裏有一壯年男人，躲在柴
草裏，被亂槍擊中大腿而成殘疾，鄰村一位婦女被強姦
後上吊自殺。

　　不久即到了春節大年三十晚，全村老幼見鬼子沒
來，逐漸有人回家煮年夜飯了。我家看到大夥回村也回
到壁合樓家中，開始蒸年糕。可是鬼子很狡猾，在年初
一凌晨約一兩點鐘時，捨大路，由坳頭（村口的小山）
頂上翻山入村。守望者未及時發現，當發現鬼子下山進
村才緊急敲鑼，全村老幼被一陣急促的鑼音震醒，大家
順手挑起"逃亡擔子"就往大山跑。

　　過了約兩個多小時，鬼子撤走，我們回家，看見蒸
好的年糕（用米粉和片糖製成的，農家過年的象徵），給
鬼子從鍋內端出扔在地上，踐踏得滿是泥土。弟妹們眼

見盼了一年，想吃的年糕沒了，都大哭起來，老爸無奈地嘆息，媽媽氣得劇咳發作又咯血了，因家中已無止血藥（田七粉），只得讓八弟小便（頭尾不接，用碗只接中段尿）給媽媽趁熱喝下。四姐為了照顧全家老小，趕快先將留作年初一煮飯的一升米，分出一半來煮粥給全家吃，讓老父母和弟妹去睡，我和四姐輪流"獨目睡"（客家方言，坐守時打瞌睡）守候鑼聲警報。

這次大年初一鬼子進村，有十多戶人家被搶劫，有一宗姪家，因鬼子常掃蕩，未能按吉日娶媳婦，就利用過春節一切從簡，去鄰村接新娘回來，為款待新娘的親友而用大鍋煮好豬肉燒蓮藕，卻被無良心的"二鬼子"（當漢奸為鬼子服務者）拉泡大便在上面，糟蹋了。全村老幼都恨透了日本鬼子。

先後曾有國民黨部隊的一個團部駐在我們村"上書房"，有一次抓回一個逃兵，團部官兵列隊到壁合樓前曬穀坪，押逃兵到場，團長訓話完，衛兵將逃兵壓倒在地，讓全體受訓士兵輪流每人打屁股十板，還迫他們重力打，我看不下去就走了。可日本鬼子來掃蕩前三天，他們就撤走得不知去向，始終未聽他們打鬼子的消息。

三、為破解困境，冒險單身闖出路

我童年膽子小，回家後生活迫使我接受各種歷練，經歷了驚心動魄的事件後，逐漸壯大了膽子。

1939年母親在神山村小學工作，有一次媽媽咯血病又發作了，我去送口糧，護理母親咯血病，因為事情多，代母親講課，照顧弟妹，洗衣服，回家起程遲了，走了一半路太陽就快下山了，在過一片樹林時，見前面樹下坐着一個中年男人，我膽小，不只怕野獸，還怕壞人，就希望能隨這位同路人作伴走，不料我走過他面前時，他仍不走，我走後不久見他隨後跟來了，我就蹲下假裝扣鞋子，想讓他走在我前面，可是我停他也停下，我走他又走，總保持十多米距離，我心寒了，為防萬一，我停下來，將一擔空籮筐的兩籮筐疊起，用扁擔單頭挑着這兩個籮筐在背後，我想這樣，既能阻擋從後面的突然攻擊，又便於抽出扁擔防人由前方攻擊。過了樹林就到華屋小村子了，有人家處有人有狗，就很安全了。是晚月光很大很亮，我緊急走路通過洋湖塘，那是天然的小湖，是當地的儲水水源，水面很大。快到家鄉之前，還有一段較長的山路，那男人不見了，估計是華屋人吧。我一人走這山坡，最恐懼的是山狗豺狼。據老人傳說，牠會在人身後學人打招呼，待你一轉頭向後看，牠就一口咬斷你咽喉，再嚎叫同伴來吃人。想到這些，就小跑起來，約到半山時有位姪子從另條路走來了，他見到我大聲叫，問"是層花姑嗎？"這一刻我如釋重負。

　　加上經過幾次日寇掃蕩的磨難，經歷多次類似的幾乎嚇破膽的磨煉，雖很怕，但逐漸歷練得鎮靜，膽子也大起來了。

1942－1946

　　我童年艱苦，幼年不懂事，只能安於命運，11歲時七七抗日戰爭爆發，隨父母回家鄉務農和工讀兼顧，再到任教小學與同事們的交流，才開始認識社會，知道了人生一世，不能無所作為，命運是可以通過個人奮鬥改變的，世上有志之士，是可以改天換地的。

　　1945年日本投降，此時我已任小學教員近三年了，我開始思考怎樣才能改變年邁父母和年幼弟妹的艱苦生活，也為自己走上社會，能否為我們破碎了的中華大地江山，盡份赤子之能，為重建家國出一分力添一磚一瓦。這個念頭，起因是1946年暑假期間，一次我背上羅盤和水壺，陪老爸看風水，路上我問爸爸：「四伯！您現在為甚麼要為自己找風水寶地呢？」他慈祥地對我說：「層花，你雖排行第五，但現在你年紀輕輕的，就要你擔當家中主力了，這是因我年老了，媽媽咯血病難醫好，你大哥早逝，二姐、三哥在外工作，四姐從小回鄉，不熟悉廣州情況，我希望能找到一穴好風水的生基

（生前尋找自己的墓地），好讓我能在九泉之下，助子女能像我當年那樣，回到廣州省會去發展各人的生活，過上較好的日子。"此刻，我感到我肩上的擔子壓力一瞬間就加重了。這年正是我帶着七妹、八弟、九妹在翁源縣新江鎮中心小學任教員，弟妹們就讀此校的那一年。

1946－1949

1945 年日本鬼子投降後，我分析六弟已長大成人了，已能砍柴，他為了照顧年老體弱的爸媽，晚上還會用魚籠，捉些蛆為誘餌，放魚籠到田裏或荷池，捕獲一種頭上有刺烏色的魚（家鄉俗名塘蝨），供全家老少增補營養。七妹亦已會做家務，挑水煮飯，能照顧媽媽和弟妹了。

1946 年 11 月，期考試卷剛評完，學期尚未結束，這時，媽媽收到二姐從貴州安順來信，說二哥（姐夫）在國防醫學院醫科讀大二，抗戰勝利了，學校即會從貴州安順南遷回上海，她將辭去地方醫院的護士長職，隨國防醫學院家屬搬去上海，希望我能從速趕到貴州與她一塊遷滬。父母同意我去，四伯託人帶信給我。我又歡欣又擔心，學期尚未結束放假，三個弟妹還在翁源新江鎮中心小學未能回家，怎麼辦？表哥胡高才（姥姥胡寶聰的堂姪）是教務主任，他答應代我照顧我七妹、八弟、九妹到學期結束，屆時爸爸和六弟來接他們回家即可。我業務交班後就匆忙趕路去貴州找二姐了。至今，已 80 歲高齡的八弟，還常給我提意見，説我丟下他們，只顧自己找出路哩！我從不作解釋，但內心亦感慚愧、內疚！其實，我不果斷闖關，今天可能全家仍留守在老家英德吶。

　　從新江乘汽車去衡陽，路經南華寺，大多數乘客要求去參拜南華寺的六祖佛，南華寺很宏偉寬大，我從小跟外婆去廣州六榕寺或三元宮拜神，任教初期又閱讀過《封神榜》，故對各路神仙有崇敬之心，但不迷信，不知不覺中，觀世音菩薩和濟公的救助窮人，啟發了我救苦救難之心。在觀世音佛像前，許願求菩薩保佑我順利找到二姐。

　　在韶關車站轉乘去衡陽汽車，在衡陽找到一部去貴陽的軍車（比公交車便宜），司機是國民黨兵，是違規載客的（俗稱黃魚客），他讓我們四個乘客爬到他貨車裏的駕駛室背後處留的空縫站着，初冬的寒風勁吹，我們只得用衣服包住頭臉，只留出一雙眼睛。快到安定（記不清或是貴定抑或安定了）時，他要我們全部蹲下，過檢查站後再站起來，不久同車三個人下車了，只剩我一人，司機叫我也下車，他走開了，我怕他騙我，就取出紙筆抄他車牌號，他回來看到笑我"好精靈喔"！他告

訴我已給我找了部去貴陽的貨車，將車費分給貨車司機
了。我提上包袱跟他到那部貨車，我問司機，是載我去
貴陽嗎？收到我車費了嗎？他都認了，並叫我坐在車頭
副駕駛座位上。這位司機大佬很善良，比我大幾歲，已
在西南公路駕貨車近六年了。我起程前拿到最後的工
資，留下弟妹們的伙食費，為給二姐買點家鄉土特產，
選購了一斤草菇乾。剩餘的錢一路旅程的車費、旅店費
和伙食費，雖盡量節省，可到此時，身上已無錢了，唯
一能賣的只有這斤草菇乾。換車確認後，我在車站找人
買草菇時，已被善良的司機看見了，從那天起，他都早
早結算房租，也代我付房租，路上三餐也請我與他同
食。我一個單身女孩總警惕男人使壞。他問我去貴陽是
探親嗎？我告訴他去安順找姐姐，並說姐姐安排我到貴
陽找她同學可拿到不足的路費，到時會如數還錢給他。
他告訴我，他姓王，他家在昆明農村，有老婆和兩個兒
子，有媽媽和兩個弟妹，他跑車賺錢，農忙時在家勞動
的，他看我就如他妹妹一樣，農村人窮，他能幫助我很
開心。漸漸地覺察他的確是個善良的人，才消除了心中
的猜忌。到貴陽車站後，很快找到二姐同學，她熱情地
給我錢去交車費，並購買好去安順的車票。我找到王司
機，他不肯收，我怎麼感謝和說明，他都不肯收。我向
他深深地鞠了一躬，激動得眼淚汪汪。王司機為人善良

和助人為樂，我終生難忘，影響了我的成長。

青春期防禦男性的性侵犯

任小學教員時，正是青春健美的年華，為防男性侵犯，而先後幾次設計避免。十五、六歲時，只會趕走媒婆，她罵我女大不嫁想招蜂引蝶嗎？我會告訴她，我此生不嫁人，別再來打擾我，再來我會拿掃帚打你的。幾個來家找我媽媽提親的媒婆被我罵跑後，就到處講我壞話。我爸爸是清朝末期的秀才，自幼受到良好的家庭教育，遵循傳統禮教，珍惜女子貞操。因為我雖逃難回鄉，但總希望能有機會，仍能將老年父母和弟妹們遷回廣州安家。在那幾年裏，對多數真誠求愛者，我都禮貌婉言拒絕。然而也曾先後有幾次遇險，最危險的一次，是在青塘鄉任教期間（1943 年 17 歲），全校只有我和四姐兩人任教員，還帶七妹在校讀二年級。學校離村約半里路，是座專為辦學設計的獨立房屋（為了朗讀或唱歌時不會吵擾鄰舍），校舍內分前後兩座，兩座之間在兩側以走廊連接，中間天井很寬闊，能容納課間學生活動，天井內設有男女廁所。後座是四間教室，前座中間是內走廊，兩側各有一間大房，一間是教師宿舍，另一間是教務室。教師宿舍前的庭園有棵桂花樹，開花時飄香全校，環境十分優美。

　　盧叔叔和村長帶領我們姐妹三人到小學，介紹給校長。校長三十多歲，是青塘鄉的警官兼職校長，是本村地主的小兒子，有錢有勢。他說學校的事情就交由我們全職負責，平時他很忙，不能常來管校務，叫我們有事先找盧叔叔，他抽空才會來校看看。學校門外是籃球場，我教算術、美術、音樂和體育，在課間帶教學生練球，四姐教語文和自然。這年上學期教學順利，生活也很愉快。

　　下學期到 10 月初，四姐因家中有事請三天假回家了，第二天晚飯後，天黑了，我剛扣好校門，在教務室批閱學生作業，突聽敲門聲，我從門縫看見是校長來了，我心裏奇怪，即叮囑七妹，叫她在校長走後才好睡覺，一定要陪我接待校長，她點點頭。我開門，校長兩手提着東西，笑嘻嘻地對我說，龍教員，我來請你夜宵（客家話，半夜加餐廣州叫作宵夜）！我心裏已很緊張，只推辭我明天還要兼講四姐的課，尚未備好，不能陪校長宵夜了。他邊走邊說：“你姐請假就等她回校再補吧。今晚月光很美，你陪我飲酒開心吧！你工作很好，也很辛苦，鄉親們大家都很滿意，我是來慰勞你的。”他到教務室坐下，先從腰上卸下手槍放在桌上，我心裏更緊張了，心想這校長來者不善喔！繼而他就從提來的兩個包內，拿出一瓶白酒，三包熟菜，倒出三杯酒，一杯少的叫七妹飲，被我攔住了，我說小孩子不能飲酒。
我考慮在這學校周圍無人的情況下，難找人來解圍，讓
七妹清醒守着，還有助防範他，可七妹畢竟年紀小（未
滿 12 歲），不久就趴在桌上睡着了。我說要帶妹睡了，
星期日再陪校長飲酒吧！他就走過來抱起七妹放到我宿
舍牀上睡下。轉過身來對我一而再地示愛，強拉着我手
到桂花樹下，迫我與他跪下，他對月亮發誓，一定要娶
我為妻。我說你已三位妻妾啦，他胡說了許多不中聽的
話。這時我思慮到唯一安全自救之計，只有把他灌醉
才好，就轉而說讓我稟明父母再答覆他（他說會請人去
我家說媒），今晚同意陪他飲酒，他高興了，就牽着我
手回到房裏。我假裝說不會喝酒，每飲一點都扮難嚥之
狀，誠意地勸他大杯飲，一瓶烈性白酒約九成都讓他飲
光，說話已不清晰了，不久就趴在桌上醉睡了。我快速
抱七妹到後座大教室桌上睡下，將教室門閂好，不脫衣
坐着，也不敢睡，思考是否辭職回家算了。直等到次日
學生來上課拍教室門，我才開門（校門已由校長早上走
時打開了）。

　　有兩個女學生年齡比我大兩三歲，名叫盧金花和盧
帶娣，看我面色難看，問我發生甚麼事，我低聲簡單講
完即告訴她倆先勿聲張，上完課才詳細商量此事。午飯
後她倆提前來校，我希望她們幫我想辦法。因我不想對

外造成不良影響，也就未敢告訴盧泰如世叔。為了要制止他再來擾亂，經再三討論，金花叫帶娣去找他小妾耳邊吹點風，就說看到他買東西來慰勞我，聽說想娶我為妻吶。據說他三姨太很厲害，為此與他大鬧了一場，這一招很靈，直到 10 月為逃日軍提早放假，我姐妹三人離校回家，他再未來過學校。次年他們再來聘書請我們續教，我們婉言謝拒了（上節所述），我推辭不再應聘也有這個原因。

當年我缺乏醫學知識，聽堂嫂、姐妹們講，女子行經期，男子若沾染月經，可引起疾病甚或死亡，所以遇到個人獨身遠行時，為加強防範，我都假裝帶上經期護巾以防範。

1946 年去貴州安順尋姐，到達四天前二姐家接通知，按上級安排，提前隨第三批全部搬走了。二姐知道我沒有認識的人，無親無故，無奈拜託遷校的第四批帶隊的史連長，請他照顧我隨隊遷移，史連長就讓我參加第四批集體搬遷去上海。史連長見我到了，就說正好次日起程隨他去滬。他這批都是押運學院裝備的，由他的連隊任押運，他要我與他同車走，我看都是當兵的，心裏很害怕，但自帶的路費用完了（在貴陽二姐同學給的錢只夠到安順的車票和飯費），無奈只好按史連長安排坐他的車走了。第一晚在兵站住宿，安排我住在一間女兵房內（相當於現在的招待所），可第二晚因無女兵，全是男宿舍，他檢查完士兵們的工作後，招手叫我跟他走，我說我就在走廊椅子上過夜吧。他很熱情地說，我答應你姐照顧好你的，怎可讓你在走廊坐着捱夜呢？蚊子又很多，萬一得病你姐會怪我的。我跟他走到一間小房裏看見有兩張牀，他說兵站簡陋只好將就吧，你睡裏邊的牀，我睡近門這張，後天就到上海了，你姐見到你平安到達一定很高興的！他雖一本正經地講話，可我一個女孩子，怎能單獨與他一個年青軍官同房睡呢，既擔心他不軌行為，也怕士兵們講出去，我到時有口難辯了，我抱着包袱坐在走廊椅子上不進房，他看我不說話也不再催我，就領兩個士兵出去檢查車輛了。我趕快跑到兵站辦公室去問有女兵房嗎？值班的說，今天沒有女兵，也無空房了。到門外一片漆黑，我只好到廁所把月經布巾帶穿上，姑且作個防身。這一晚心裏忐忑不安，難以成眠。

　　到上海後，我告訴二姐，二姐安慰我說，史連長這人正派，才敢將你託付於他，他答應把你當他的妹妹一樣照顧。你能謹慎防範，說明你長大懂事了。幾年後我回廣州後聽媽媽說，接到二姐信時，她也嚇壞了。

由小學教員轉業從醫任技術員

1947 年 2 月到達上海，住在五角場國防醫學院職工家屬宿舍，這是日本人留下的一片簡單木板屋，進門即脫鞋上一梯級入房就睡的"榻榻米"地板。我和親媽（二姐夫的母親）睡房內，二姐夫妻二人，夜裏在房內過道地上打地鋪睡。二姐已有同學替她找好工作，在上海四川北路第四醫院任護士長。她託朋友替我找到工作，也在四川北路她醫院附近一家私立伊光小學任 1-6 年級的算術教師，本以為工作能安定下來，不料這間回族私立小學，整個學期不發工資，只供免費早餐一頓"泡飯"（晚餐剩飯加水燒開不煮爛），兩條油條切丁加點醬油，幾位教師同吃，每天不變。我從五角場去上課的車費還要姐姐補助，捱到暑假由董事會請全校老師吃一餐涮羊肉，我第一次吃羊肉餐不適應，但覺新鮮事，與同事們好好聚聚也很開心的，滿以為餐後會發工資，結果餐會散了，工資全無消息，我約了兩位同事次日去找校長。這位校長是開餅乾廠的，見到我們很客氣，他很無奈地解釋，伊光小學因生源太少，經費不足才停辦了，現在無法籌到錢付給各位，他更無力支付，最後送給我們每人一罐夾心餅乾，以表他對我們的一點歉意。

二姐一位朋友介紹我暑假去擔任家庭教師，在四川北路一間公館裏，這位少爺 8 歲，讀初小三年級的學生，才去輔導四天就因病入院了，他媽媽要我每天去法國醫院病房教他，我吃不慣法國午餐（一個三文治兩片

麵包夾片蛋或肉片，一個雞蛋，一杯咖啡），還是吃飯
才夠飽。不久，聽他家另一男僕說他爸爸是個漢奸，我
即辭職不幹了。下學期經二姐夫託人介紹我到國防醫學
院附設子弟小學任一年級班主任（將隨班升級至該班畢
業），到上海一年，至此工作才得以穩定。

　　可安穩日子太短了，1949 年 2 月，國防醫學院奉命
遷往台北，子弟小學的教師多數辭職了，二姐叫我申報
隨校遷台。她告訴我，要回廣州陸路已不通了，先去台
灣再作打算。到台北駐地一看，一大排簡單鐵皮房子，
學校搬家的物資堆積如山，十分凌亂。幾位同事拉我參
加他們的“觀光團”，去遊覽全台灣。當時的國民黨軍人
只要穿上軍裝，坐車全免費。我和另外兩位女同事都是
職員，沒有軍服，穿軍裝的男教員同事帶領，充當“家
屬”也免費帶上車。當年台灣只有一條鐵路由台北到
高雄，我們七個人就上火車不買票直到高雄才下車，聽
說海邊沙灘好玩就去海邊，沙灘很美，會游泳的脫下外
衣就下海游泳了，我和一位女同事不會游泳，在大家的
鼓動下，也脫下外衣（內已預穿泳衣）下海玩“跑步衝
浪”。高雄烈日如火，赤背曬半天後，晚上發現背部曬
起很多拇指甲大小的水泡，好幾天都不能仰臥。我保護
水泡沒有破開，一週多，水泡乾燥結痂脫落就好了。一
位同事水泡破後化膿，很久才痊癒。這次集體遊玩得很

開心，之後因學校尚無法復課，幾位女同事再約一齊去日月潭玩，順路去了一趟新竹。

6月初，我去南投找到兩位魏征的學長，他們為我出具一份"工作調動介紹證明"，是魏征為了讓我回廣州後，改行做理療工作的"假證明"（這是我一生中唯一的一次造假），心裏忐忑不安，因我從未做過醫務工作，又怕"假證明"被發現受處罰，兩位學長安慰我，說魏征一切會安排好，證明的公章非假，你文化不低，人又聰明靈活，換崗位後虛心學習，很快就會掌握理療技術。

陪我去南投的兩位女同事，還留戀高雄美麗的海灘，我陪她們回程又去高雄玩，到第三天，一位海軍找到我，說二姐已從上海到台灣了，要我馬上去台北"草山"（記不清是否陽明山？）榮軍總醫院找她，有急事。當天夜裏回到草山見二姐，二姐在醫院任護士長，生氣地批評我："20歲出頭的人，身為教師，還不關心家事、國事、世界大事，只知道玩。"晚飯後她又對我說："層花，我叫你從家鄉來上海，是希望你有機會多學習提高，爭取一個好的發展前途，可現在國內、國際形勢不斷變化，我考慮再三，你回廣州為好。"我不解地望着二姐，她叫我坐下細聲地說："四伯（爸爸）去世了，媽媽有病，四姐去天津結婚了，三哥雖在廣州，但他失業不能照顧媽媽和弟妹。你回廣州有魏征的幫助，有了工作後，可將媽媽和弟妹接到廣州方便照顧。"二姐無奈地說："我要照顧70多歲的婆婆，要照顧你姐夫讀書（國防醫學院醫科第45期），只能託付你照顧年老多病的媽媽和年幼的弟妹了。近期正好有船去廣州，我已寫信給魏征，到時他會去碼頭接你的。你趕快收拾好，整理行李準備好吧。"二姐將這副"擔子"交給我，這家庭負擔實在很重。我在家鄉時父母均健在，我已開始分擔起挑這重擔了，但是，現在爸爸已去世，媽媽有重病，要我獨自挑起擔子，確實很沉重。屈指一算，也只有我能擔當這個責任，就點頭認可。我心裏明白，最大的困難是"窮"，只好回廣州再作打算了，這一夜，思潮起伏無法入眠，此時自覺真正長大懂事了。

我挎個小包袱，流着淚與二姐擁抱告別，隨來人坐他的吉普車到高雄軍用碼頭，走上一艘大船（海軍徵用的民用客船）就離開了台灣。次日中午，我到甲板上看大海，站在船舷旁，浪花時時濺到身上，海風陣陣勁吹，此時家人形象浮現到心中，第一次感覺到全無主意。回過神來，發現甲板上站了很多人，有人大叫"看，到香港啦！"我看見遠處有個小島，原來只是個小島喔！不久船靠碼頭了，我趕快回到艙裏提起包袱，下船時就遠遠望見高大個子的魏征向我揮手，心裏的空虛似乎一下掃清了。

　　魏征告訴我這是廣州的黃埔港，是國民黨接軍隊去台灣的軍港。他在廣州實習很順利，並已為我申請到在物理診療科理療室任佐理員。我們乘車到醫院時，我發現原來就是二姐讀護士的醫院。住在懷仁樓樓下集體宿舍裏，我認識了"蔡姑"蔡慧貞，她一人在理療室工作，她熱情地握着我的手說，你來了我很高興，今後我們兩人一定能把工作做得更好！次日魏征帶我到醫院辦好報到手續，帶去見李生光主任，主任帶我到理療室。我第一次穿上了白大衣，感到很聖潔（即日魏征為我拍下一相片），又回想起二姐在此學護士，穿白大衣的形象很美。蔡姑很耐心給我講解各種理療機的開關操作。那時的理療品種不多，很多機器是日本人留下的，有長波和短波高頻電療機，大小型紫外線燈和紅外線燈各一台，還有兩部電按摩機，分別在兩間治療室裏。科主任李生光是魏征的老學長，很和藹，他叫一位醫生帶我參觀放射診斷的設備，吩咐一位技術員教我拍攝 X 線胸片，因值班時要做這項工作。從此我改行為放射科和理療專業的技術人員，當年尚未料到理療會成為我的終生工作。

第二章　學海無涯苦作舟

　　我幼年苦難多，常愛哭，8歲回家後，媽媽和二姐教育我："人生不如意事十常八九，要堅強，哭是懦弱缺志氣，不要哭！"逐步培養了我的良好個性。由於自小多磨難，使我漸漸養成生活中能嚴以律己寬以待人，工作中習慣了刻苦耐勞面對現實，有了自知之明的心理素質，故幹一行就愛一行，踏踏實實學習和幹活，青年期能任勞，尚不能任怨，中年後逐步修養成"虛懷若谷"也能任怨了。在社會上，明明白白做人，堅持"正派"做事，在社會潮流中雖"同流"而不"合污"（我深信：清者自清，濁者自濁）。工作上磨煉成堅強的性格，讓我遇難堅持進取，不嫌不棄。我回鄉後喜種竹子，崇尚竹子的精神，喜觀竹子被狂風猛吹時彎而不折，以竹筍的奮力破硬土而出、竹鞭遇岩石而會尋縫變形而穿過……我崇尚竹子的意志，勉勵自己去克服困難，在生活上和工作中遇難點受阻，以為"疑無路"時，在堅持再堅持中，深信前面會"柳暗花明又一村"的，就不拋棄不放下，也不怨天尤人並勇於承擔。1959年當與老魏商量科研時，選定"中西醫結合診治頸椎病"的科研課題後，就一竿子插下而堅持五十多年，逐個完成階段課題，克服了重重困難，終於創立了"脊椎病因學說"。

一、組織培養和個人勤奮的從醫歷程

從農民改行當小學教師，
再改行從醫起步於理療技術員

歷經三個行業，都能幹一行愛一行，在各行中刻苦學習，均能在較短時日內精通業務，受到同行和羣眾的讚揚，已見前述。

魏征是我的未婚夫，1948 年 7 月他畢業考試成績優秀，前十名可優先選實習點，有十間總醫院供選擇：北京、天津、南京、上海、廣州、昆明、西安、大連、重慶和武漢。他為了照顧我，決定到廣州實習。他到廣州後，為我找到一份工作，是廣州陸軍醫院（即現在的廣州軍區總醫院）物理診療科的理療佐理員，我於 1949 年 6 月中旬回穗，即上班做理療工作。1949 年 10 月 14 日廣州解放，我決心要做個"新中國的好主人"，由舊醫院的理療佐理員，重新任命為中南軍區 63 陸軍醫院理療科技術員。

1947 年暑假在二姐家，姐夫安排我們倆舉行了訂婚儀式，由三哥做證婚人，小學李校長和魏征十多位同學參加，有雲昌符、傅恭昌、李復金、符任才等。

　　我非科班出身，要想做好醫療工作，一切從零開始，要由外行進入高深的醫學殿堂，談何容易？考慮到沒有讀醫的條件，唯一只能靠勤奮和刻苦在工作中虛心學習，在魏征的鼓勵幫助下，樹立了信心，就先從工作實踐中學吧。

　　同事蔡慧貞比我大 26 歲，未婚，是個體弱的長者，解放前我們都稱她“蔡姑”，我雖在任教員期間自學過物理學，但並不懂得物理治療的理論和操作，所以蔡姑是我的理療專業“啟蒙帶教老師”，她雖不會講理論，但實操是很熟練的，態度很好，我很尊敬她，虛心向她學習。為減輕她的辛勞，我積極主動工作，勇挑重擔。解放軍南下，解放海南島，以及稍後的廣西十萬大山剿匪，都有很多重傷員送來我院救治，康復期來理療時需要搬、抱，或用擔架牀接送（六十年代後才有護工推擔架接送），少數不能搬動的，要搬理療機到臨牀科的牀邊治療，尤其日間工作後夜裏還要出診（詳述保健工作見後），我都主動去做。

　　李生光是物理診療科主任，從國防醫學院前身的軍醫學校畢業，是位平易近人、關心下級的好領導，是魏征的校友、老學長。當時尚無理療專業書，他常選一些技術資料讓我自學。1957 年設理療科，從物理診療科分出來，原物理診療科更名為放射科，負責深部 X 線治療室的李維禮醫生，調來籌辦創科工作。

李維禮醫生也是國防醫學院畢業生，比魏征低一屆（44 期）。李醫生知道我英語只有初級自學水準，常把新購的理療機的英文說明書和相關資料翻譯成中文給我，我將他給我學習的資料抄下來，自學之後，再傳授給新來同事。至六十年代，開始有從蘇聯俄譯中的理療書，我即購買來加強自學。理療科成立後，陸續從臨牀各科調來醫生和護士，他們都未學過理療專業，醫院領導批示要我負責帶教新來同事。

這時我已是三個兒女的媽媽了，每晚工作或開會到 10 點回家，檢查完孩子作業。大女兒、次子寄宿學校，週末接送，小兒子在家走讀，當年院務部規定兒女 2 歲半入幼兒園後就不准請褓姆，所以，我要手洗全家衣服之後，才有時間開始自學，每晚都在凌晨 12 點至 2 點才睡。

從技術員到技師

隨着科室的建設，工作任務越來越重，除日常診療工作外，我還要負責全科財務收支賬目、機械物品保管保養，尤其是新的理療器械增加了，但舊時留下來的很多台日本佔領時期的日製或德製的"老爺機"，經常發生故障，那時我院尚無醫療器械維修人員，放射科的 X 線機故障時，只能請中山醫學院的劉子策工程師來維修，聘他為我院醫療器械維修顧問。我科的機器壞了，也請他維修。當時我和戴某（放射科技術員）一齊聽電台廣播的中級補習班課程，我們決心學習機器維修技術。在教學進行到中級課程時，我因保健任務重，無法按時上課，戴某則一直學完大專課程，得以跟劉顧問進修醫療器械工程技術。而我只好自學維修了，到新華書店買來《電工入門》、《工具應用》、《電子電路圖》、《變壓器》、《水泵維修》等相關讀本，利用“夜貓子”的本領如飢似渴地自學。有了些知識後，劉顧問來科維修時再跟他當助手，進一步學習萬能電錶的使用，學會電焊、鉗工等技術，再從繞共鳴火花機的高頻線圈，到繞變壓器，一直到可以獨立檢修。這時心裏的壓力才得以舒緩，做一個全能的理療技術員，從事機器維修和機內清潔工作16年，直到新技師調來後才交班給他。

一次維修時差點誤觸電死

上世紀六十年代，軍區後勤衛生部曾在盤福路成立了醫療器械修理所，簡陋地用木板分隔成內外兩間修理車間（按：各單位去修時在外部車間，倉庫和修理所人員在內間）。一天下午，我去修理所修共鳴火花機，在外間修理室繞線機上，拆線重繞好線圈，再安裝修好後，將工具還到內間修理室庫房，內間兩位技師也準備下班了，當我到修理台收拾共鳴火花機時，天已快黑了，見有個電插頭放在火花機內，我問是誰還用這插頭啊？無人應答。我右手拿出插頭時，右手掌觸電痙攣，緊握無法擺脫掉（外車間無絕緣木質地板），220伏特交流電從右手就傳遍全身到左腳接地（布底鞋，雨後左鞋底濕透導電），我想呼救，不由自主地，只有驚慌的尖叫聲，而說不出話來，耳聞內間技師問誰叫得這麼難聽啊？我心想只能自救了，左腳導電痙攣不能提起，幸好右腳尚能發力，我用盡全身之力，屈右下肢，身向後倒，同時蹬右腿，整個人跌向後仰，跌出約一米遠，連帶將電插座上的插頭拔下來，我躺在地上大口呼吸。這一跤驚動了那兩位技師，才跑出來把我扶起，萬幸無大礙。

維修機器需要工具、材料和配件。日常工作很忙，只能週末或無保健任務的晚上加班做修機工作，採購零部件或代用品只能中午去。坐公交車很不方便，費錢又費時，便開始借同事的自行車，因初學不熟練，也出過二次"車禍"，一次給後方車按鈴催促而控制不好翻車了，所幸只擦傷了右小腿；另一次由本市河南採購回來，在海珠橋下橋時，見人多心慌了，車前一位穿長旗袍的女士不讓路，我又不敢穿人流而下，心急忘了剎車，前輪直衝到她兩腿之間，推着她的天藍色旗袍使她"小跑"了十幾步，我才將車剎住，幸好未弄破她的

衣服，但也已擦髒了，我下車向她道歉。那時人們很友
善，路人只教我"不熟就推車上下橋喔"，女士拍拍衣服
還說"不要緊！"我心裏很內疚，再三向她道歉。那時
購買自行車要"購車票"，醫院發下的票很少，為照顧我
工作需要，發給我一張，我就買了一台鳳凰牌紅色的女
裝自行車，才漸學會正規的上下車。此前要站在人行道
上跨上去才蹬車，下車要剎慢掣雙腳着地漸停，呵呵！
太笨了！自己都笑自己。

　　超短波機的電子管壞了，這類無線電發射管受公安
局管制，需到後勤部湖南郴州倉庫領取，就要為此事專
程出差一次，為了盡量少耽誤工作，便週日下午去，週
一領取後即趕火車回穗，中午修好下午即可用了。

二、培養我成為康復科專業醫師

　　1955 年醫務處派我到從化療養院參觀交流一週，兩
位老師曾是我教過的學生，學習東北湯岡子療養院的按
摩術，我將東北正骨手法與張紅醫生教的蘇聯按摩手法
結合應用，骨傷和軟傷兼顧，療效更佳。1956－1959 年
我院選派孫兆元、魏征和我三人參加第一屆廣東省"在
職西醫學習中醫班"，三年制半脫產。1959 年結業後，
我由理療技術員提升為技師。1973 年由技師改任理療醫
師。我任技師五年多，有幾位同行，在改制中都改為主

治醫師，而我技術好，服務態度好，每年均立功或受獎勵，但只改任住院醫師，不少人替我抱不平，我多謝他們的關心，但我有自知之明，我無學歷，雖然六十年代前許多醫務人員無正規學歷也順利提拔過，故我簡單地回答說：我從來不與別人比，只與自己比，看到自己有進步就開心了。

1974－1977 年我院選派已在醫生崗位上的三名護士（婦科劉護士、門診部劉護士、麻醉科阮護士）和我共四人，到廣州醫學院 74 級醫本科學習（脫產走讀生）。由於我從 1959 年開始與魏征共同做脊椎病科研課題，經本院領導批准，我利用半年的實習期，留校在解剖教研室完成了“脊椎病因治療學”課題的解剖學研究。畢業後，1987 年廣州軍區後勤部技術職務評審委員會，發給專業技術職務資格證書，經評審聘任為主治醫師。

（一）培養我成為康復科專業革新人才

1954 年前，部隊尚缺乏物理治療的技術人才，各部隊選派一些青年來我們科學習，我院亦從臨牀科抽調一些醫生和護士來科工作，上級（院長和先後幾任政委找我談話）指定由我帶教，還要求我給本院護訓班教按摩課。我並未受過正規訓練，又無教材，我的啟蒙推拿老師，是老紅軍張紅醫生，傳授我蘇聯七大手法，我只好以我所學自編講義，得益於我任小學教師的經驗，膽大心細地傳授理療知識和推拿實操，受到上級和學員的好評。1953 年下半年（懷孕 3 個月），後勤部調我到新建的軍區第一門診部創建理療室，設計添置齊器械，半年內先後帶教培訓了傅某和劉某兩位新人。剛回院，又要我為文盲職工辦文化學習班（業餘夜校掃盲班），後又指派我"業餘掃盲"三年，為本院職工夜校教文化課，後被評為文化教員積極份子。工作至退休前，除政治運動期外的大多數年份，都被評為積極份子、技術革新能手和科技先進工作者，先後榮立三等功二次，二等功一次。

在治脊牀的科研項目中，我將三個治脊特效手法：搖腿揉腰法、牽抖衝壓法、定點捶正法的仿生動作，特別加入我研究的以牽引正骨法設計到治脊牀中。經本院批准後，親自到市科委提出申請，農科處處長很讚賞，經省科委批准，獲得國家批下 1 萬元研究經費，並指派給廣州市醫療器械研究所研製。研製中經費不足，本院又批給 5,000 元。由於當年新技術開發的困難（人力、物力、技術均缺乏），長達八年之久，五次的修改工藝才投入生產三台樣機。經全國 12 位一級教授專家評審（按：北醫三院楊克勤，中國中醫研究院董福慧，第三軍醫大李起鴻，天津尚天裕，山東潘之清，廣醫梁質熹、區厚成、魏鳳岐，軍一醫大苗馨華，市中醫院古健

青、滕錫成,本科劉鳳雲),評為國內首創,達國際先
進水平。

為創製在牽引的同時,可用手法調正頸椎關節錯
位,治療重症頸椎病的牽引椅,我在家裏與魏征切磋,
按實操的需要,用木靠背椅釘上一桿類似糧店的秤桿,
用布在衣車上縫製一條頭頸牽引吊帶,用磚塊放入布袋
內作秤砣,自己試着牽引力的適宜重量,對自己車禍受
傷的頸椎試行調正,先後改進了幾次牽引吊帶,又設計
選用有效的調理動作。徐院長鼓勵我將這個初始設計,
畫成圖紙,請我院木工班長關蘇師傅製作,三天後第一
張木製頸椎牽引椅就造成了(此椅現在成了紀念品,至
今我已改進到第七型,國內外銷售),牽引下正骨推拿
法,治療疑難頸椎病有良效。

(二) 響應中央號召走中西醫結合的道路

1956 年周恩來總理提出"西醫學習中醫"走中西醫
結合道路,創立中國新醫學的號召。廣東省衛生廳積極
響應中央號召,開辦廣東省第一屆"西醫學習中醫班"
(高資歷、三年制、半脫產),培訓主治醫師以上人員。
我院選派三人參加這個全省高資培訓班,三人分別是:
孫兆元(醫務處副主任,結業後調理療科任科副主任
職,負責針灸室工作,文革時被送回老家南京市。約十

年後我去南京開會，去他家拜訪他老兩口，尚健在，次年病故）、魏征（骨科主治醫師）、龍層花（物理診療科技術組長）。李生光主任找我談話，告訴我這是院裏對我的培養，要我用心好好學習。我打開介紹信看了既興奮又很不安，我職稱是技術員，理療室當時只有蔡姑和我兩個人，蔡慧貞是我的理療專業啟蒙帶教老師，我怎能做技術組長呢？我將我的不安告訴主任。他安慰我説："你服從組織安排吧，我們考慮你工作熟練，積極鑽研業務，年青身體好，現正籌備成立理療科，主要因為這個高職培訓班要求主治以上職稱的醫技人員資格，故以技術組長身份報名，今後新人你是要帶教他們的。"我深刻地感到黨是我的解放者，更是我的培育者，為此我第三次寫了入黨和參軍申請書。

蘇聯醫學很重視康復理療專業，建國後在向蘇聯醫學學習中，1957年成立了理療科，由李維禮醫生負責籌建。領導上開始由各科抽調人員到這裏新建科室，療室由原來兩間增加到七間（水療室四間組合為一間），分為：醫生接診室、高頻電療室、低頻電療室、光療室、蠟療室、體療室、水療室和泥療室。蔡姑和我仍在兩間電療室工作，我兼顧光療和蠟療，並帶教新來同事的實操技術。體療室派何劍明到中山醫附一院跟卓大宏教授學習一年，回來專職體療工作。在他進修期間，我兼顧體療室，正逢海戰光榮負傷的英雄戰士麥賢德在我院腦外科搶救成功，我為他精心安排康復訓練，從治療腦手術後傷口遷延癒合的紫外線照射，到鼓勵他練習康復上肢功能，再到訓練關節功能、手指精細動作。待何劍明學成回科，我才離開體療室。由骨科選送男護士陳士富，到東北學習水、泥療回來後，專職任水療室工作，我帶教他其他療法，掌握後才參與值班。1960 年，軍委擴大會議期間，我被派去為一位空軍司令員診治頭痛和雙眼腫痛，保健推拿療效好，院領導找我談話：因會期受限，要求我用三天時間教會陳士富，方便跟隨司令員到各地考察工作時繼續做保健推拿，我只好採用"一人一病一法"的速成法傳授給他，圓滿完成任務。

（三）堅持自學為主，奮發圖強，集思廣益，珍惜集體榮譽

由於非科班出身，我有自知之明，自己不斷鑽研業務，既不驕也不躁。六十年代之前調來的醫師和技師，多未經專業學習，我均能盡職盡責地向新來同事介紹各種理療機的實操技術和治療經驗。由於部隊的特點是"鐵打的營盤流水的兵"，人員調動多，在工作和科研中，我注意發揮他們的積極作用，團結大家，珍惜團隊，耐心細緻地做好"脊椎病因研究"中的思想工作，

使這項科研前後堅持 40 多年。建科前，理療尚無專職醫生 (李維禮醫生仍在深部 X 線治療室工作)，上級指定我兼任接診 (醫生職責) 工作。1957 年創建理療科後，調來工作的科主任和醫生，除李維禮兼職外，還先後調來汪蔭堂、許家駒、孫兆元、辛達臨、丁鈞、金完成、劉鳳雲等。他們其中，除金完成之外，都非康復理療專業，所以，初期都需要我輔助一段時日，掌握後就由他們接診或治療。

各療室先後從各科抽調來的護士 (培訓專業後轉為技術員、技師、主管技師) 有：劉雲、傅挹雲、何劍明、陳士富、崔巍、劉素敏、潘玲玲、傅傑平、王玉蘭、朱利光、萬振英、方克純、劉惠春、馬永貞、衛紅、楊小梅、劉幸田、陳桂雲、宋文欣、王正和、邱淑賢、王廷臣、卜衛軍、周永蘭、謝恆、高治民、張建麗、葉日瓊、王少英、朱華、楊鳳蓮等。除邱淑賢、傅傑平、周永蘭外，其餘新來的同事，未經專業訓練的多半由我帶教。

1986 年香港商務印書館決定出版《脊椎病因治療學》，編輯初步審閱後，認為只需重拍書中相片即可 (因當年我院的攝像機質量比香港差)。原稿中很多手法圖是我講課的現場示教照片，我與魏征商量，趁此機會請院裏派攝影師來重拍，並改為全科做推拿的同事分工上鏡，領導們讚揚我讓科裏全部做推拿的同事分工上鏡的安排，認為珍惜集體榮譽的表現，年終評獎時，因為我在《脊椎病因治療學》的出版作出了貢獻，給我榮立三等功一次。

（四）走中西醫結合的革新大道

1.1950－1959 年，革新出中西醫結合的頸椎病正骨推拿手法

1950－1955 年，老紅軍張紅醫生經常帶空軍駕駛員或首長來做理療，我那時剛從零起步自學按摩，她見我為書記按摩的手法不夠好，就利用每次來院的短暫空隙，主動教我一套蘇聯的按摩術，她傳授的是七大手法：撫摩法、揉按法、摩擦法、拿捏法、叩打法、彈撥法和點壓法，共七種手法，柔和舒適，很受傷病員好評。此後，各級首長保健，多要求我以這套推拿手法治療為主，理療、針灸為輔。

1955 年組織上派我到從化療養院，參觀學習東北湯岡子療養院的按摩術，為期五天教我的兩位技術員，此前是我帶教的理療進修生，我們互為師生關係，互相切磋，都很關照。由此我初步觀摩到中醫推拿的一些手法，我將其與蘇式手法結合應用，治療頸椎病和四肢骨折石膏固定後的關節僵硬，效果有所提高。

　　1956-1959 年在西醫學習中醫班的後期，從中醫外治法中學習針灸及推拿，因半脫產走讀生，學時較少，未能深入學習。何竹林教授的骨傷課程，講授"筋出槽骨錯縫"的病因病機，啟發了我，我把研究推拿治療頸椎病當成最大願望，當年的科研課題是"中西醫結合診治頸椎病"（從"疑問"切入立題科研，詳見下述）。

　　我從五十年代開始參研頸椎病，30 歲前自己已體會到落枕的痛苦，當時對落枕病因病理認識不足，認為是肌肉扭傷引起，多用熱療或局部推拿，或服止痛藥，療效較差。六十年代初，經研究始認識落枕的基礎病因，是 1-4 頸椎間某椎間關節錯位、或滑膜嵌頓引發關節腫痛而致頸肌痙攣，研究出頸椎間關節錯位有特效的調治手法。

　　2.1969-1974 年，在頸椎關節錯位調治手法研究成功的基礎上，創立一套穩、準、輕、巧的頸椎病正骨推拿手法，進而深入研究診斷和鑒別診斷標準

　　脊椎關節錯位和關節功能紊亂的診斷標準：骨錯縫小於西醫標準的"半脫位"，椎間位移達到失代償時就會損及神經或血管，繼而引發脊椎病。我與老魏討論後，將脊椎病的病因增添骨錯縫，稱為椎間關節錯位，有利於讓西醫在臨牀診斷上，對脊椎骨關節的創傷，引起的脫位、半脫位及關節功能紊亂，修改為脫位、半脫位、錯位和關節功能紊亂四個級別。

　　錯位和關節功能紊亂的鑒別診斷：關節功能紊亂的診斷標準：該關節相關軟組織因勞損或外傷而失去關節功能的穩定性，常有不適症狀出現，但適當的生理活動使體位改變，或充份休息後，症狀可自行消失，其症狀是時有時無。關節錯位的診斷標準：是小於西醫的"半脫位"標準，症狀時輕時重，但已有明顯的臨牀症狀與體徵，需經治療才能改善或治癒。

　　為了研究脊椎關節錯位和關節功能紊亂的鑒別診斷標準，我在廣州醫學院學習期間，仍堅持"中西醫結合診治頸椎病"課題的研究，醫院和學院組織上特批准我不參加黃浦醫院的臨牀實習，留校完成脊椎病科研計劃，作課題的解剖學深入研究探索半年。尤其對各段脊椎的骨關節、椎間連接的結構，做更細微的觀察，廣醫解剖教研室的幾位老師很耐心指導我，使我各層次的刀法實操很快掌握，教授們還謙虛地要求我，在解剖到中深層小肌層（夾肌、菱形肌、多裂肌、迴旋肌、骶棘肌的三條柱）時，讓老師們均來看看，因為解剖學講課時一般不講這些小肌肉。我好奇地問黃教授，為甚麼不講授中深層小的肌肉呢？我們課題研究中發現臨牀患者，脊柱失穩的軟組織功能與生物力學失調，與這些中深層小肌肉和肌間筋膜、韌帶的外傷或勞損有密切關係。勞損點觸診均有摩擦音或肌攣縮的索狀筋結。在推拿手法中，檢驗頸椎關節筋出槽骨錯縫的體徵，亦需練習中醫骨傷細微變化的特殊觸診法。

經過解剖學和中西醫學的病因病理病機的學習，在脊柱生物力學與脊柱活動功能相結合的實驗中，我總結出“體位復位法”和“生理運動復位法”。臨牀檢驗證明，正骨手法確能達到讓筋還槽、骨合縫的治癒目的。隨着“脊椎病因學”的開創、研究到逐步完善，建立這套“脊椎病的正骨推拿手法”，成為脊椎病的主治法之一的主要技術，與牽引、理療組合成“分型定位診治方案”，在專業教學中推廣應用，受到國內外專業同行的肯定和好評。我的推拿專業水平，從零開始，隨着課題階段的逐年深入，歷經持續 30 多年不間斷的完善，達到教授級專家的水平。1987 年 10 月 23 日受聘為全國推拿學會委員，1996 年 7 月 1 日受聘為山東省威海市頸椎病研究所教授級研究員，2012 年評選為世界脊柱醫學聯盟顧問，2012 年聘為廣州軍區總醫院康復理療科及脊椎相關疾病研究所顧問。

3. 成立脊椎相關疾病研究所

1974 年 11 月－1977 年 3 月，廣州醫學院 74 屆醫學本科畢業後。1993 年 6 月收到廣州醫學院 "廣醫發字[1993]62 號文件"，《關於我院 1972－1976 年入學的二至三年制大學畢業生在申報評審專業資格時按本科對待的通知》。1987 年 3 月 1 日，經本院評審，任命為理療科主治醫師（資格證書）。1996 年 5 月成立脊椎相關疾病研究所，魏征任榮譽所長，劉風雲任所長，我任副所長。

4.1988－1993 年先後三次，應美國加州中醫師公會主辦的世界中醫大會的邀請，在大會報告論文

1988 年在三藩市大學召開的會議上報告兩篇論文，題目分別是：〈脊椎病因治療學〉和〈治脊療法治療胃十二指腸潰瘍〉。1990 年在加州大學分校的柏克萊大學召開的會議上，報告的論文題目是〈正骨推拿治療冠心病的機制研究附 138 例報告〉。1993 年應邀在加州辦培訓班，從學會計劃中選 20 多個中心點，在某位醫師診所的這個點辦一屆短訓班，帶教脊椎病的診治防實施方案（各點聚集 3－9 位鄰近診所的醫師或治療師）。1988年在三藩市為中心完成北加州培訓後，學會派人送我去洛杉磯市為中心完成南加州的培訓。原計劃在美三個月的時間不夠，加州中醫學會的周敏華會長，親自為我申

辦了延期手續，合計為期半年。由於這項創新技術深受醫患的讚揚，在世界中醫大會上繼續應邀演講科研各階段的新進展。

（五）脊椎病因學研究的五個階段

"脊椎病因學研究"的課題，至今已完成五個階段的研究。課題各階段概況：

第一階段是"中西醫結合診治頸椎病"（1959），第二階段是"中西醫結合診治脊椎病"（1969），第三階段是"中西醫結合診治脊椎病與脊椎相關性疾病"（1972），第四階段是"脊椎病的發病機理研究"（按：解剖學研究半年，個別病例手術時，將觸診發現的筋結作病理學檢驗，病理變化明確屬纖維性變，為水針療法有效找到了理論依據），第五階段是"各專科疾病的脊椎病因研究"（1976－）。

研究小組在各階段中的成員，有較大的變化，各分題都有較多的新人參與，尤其在"各專科疾病的脊椎病因研究"階段，由魏征請醫務部（以後是科訓科）組織我院的相關科室，指定一位主任或副主任和一位主治醫生，參與我們的研究小組，例如神經內科由姚榮尹主任和王敏華主治醫師，心血管科由曾梅輝主任、吳興泉副主任（後由辛達臨主任參研）及李翠華主治醫師（後由周芝蘭主治醫師參研），心電圖室姚翠九醫生，內分泌科王國華主任，消化內科陳維漢主任、李羣秀主任，外科陳壽康主任（副院長）、黃明運主任和江法文主治醫生（啟動了癌症脊因研究，詳見科研文述）參加研究組，由魏征任組長，理療科各屆主任組織本科3-5人與我成立階段課題科研小組，由我負責按需要參與全院科研小組，進行各病種的研究。本科參研人員，在消化性潰瘍研究期間，進行"胃十二指腸潰瘍的脊椎病因普查"和"診治工作"的科研小組，先後曾參與過的有：我和朱利光、方克純、馬永貞、劉鳳雲、王正和、宋文欣和高治民等；心血管病研究時，有我和宋文欣、王正和，後有王廷臣、方克純、鄒杭杭、馬永貞和高治民；水針研究時，由金完成與我二人討論選藥，親身注射試驗，嘗試注射後反應及其療效與痛感，以篩選水針用藥。後期陳士富任理療科主任，科內分工，改為陳士富主任帶領宋文欣診治腰腿痛，我與推拿室、體療室的同志們診治頸椎病、脊椎相關性疾病及重症疑難病人。

在"脊椎病因研究"的課題研究過程中，老魏和我是40年如一日的親力親為。我非科班出身，故堅持自學，奮發鑽研業務中的難題。老魏是我的骨科導師，在每階段研究中，他先將現行的診治標準列出，指出診治中的疑難問題，我重視診治工作中的難題，我們對疑難問題作切磋研討，找出難點的關鍵所在，進行深入的再研究。在科研中依靠組織和羣眾，集思廣益，從相關學科中學習而提高各專科的理論和技術方法，例如普查消化內科胃潰瘍癌變的歐某治脊 8 次後病變痊癒的實例；段俊峰的動物實驗驗證了 1–6 胸椎手術人工錯位能成功建立心臟缺血和心律失常模型；錯位的椎間孔變形狹窄的型態致神經根受損變性的病理變化，是椎間孔內的神經根受骨性壓迫致細胞變性。

對每個疑難問題，我常會深思而不去重覆別人的套路，用超前的思路去尋求難解的關鍵點，再以實驗去充份證明“假設”的研究的預期，是符合科學規律的。例如為普及治脊療法和減免醫生的勞力，自己將治脊療法中三個主要正骨手法，仿生地設計成“治脊牀”，通過全國八位骨科和理療專家的鑒定委員會評審認證。

在第三個研究階段中，金完成主治醫生既積極支持我的研究，又擔心我過勞，她曾向我提出過忠告：“一個醫生能對一種疑難病盡心盡力做，就很好也很辛苦了。你只有一雙手，只治頸椎病足夠你累的了，你研究這麼幾十種病怎能做得完呢？”我坦誠地對她說，謝謝她的關心愛護，我承認我一雙手肯定做不到也做不好，所以要多辦培訓班，毫不保留地教授學生，他們就是我的“千手觀音”啦！她和我會心地開懷大笑！此後她更

熱情地支持我這項科研，親自和我切磋階段課題，與我
選用水針療法的用藥和親身試驗，完善了水針療法的設
計。

　　我院參研者，其中有兩位移民美國，我到美國先後
都去探望過他們。第一位消化內科的陳維漢副主任是熱
情支持我研究胃、十二指腸潰瘍的，他 1986 年移民去
美國，住在三藩市。我 1988 年 7 月首次到三藩市，參
加第四屆世界中醫大會期間，在三藩市的會議開完，我
將應邀去洛杉磯市巡迴報告，電話聯繫，約定會後回三
藩市，一定去他家拜訪他們，陳主任和陳太太都表示很
歡迎。我應幾個學會特邀，在南北加州十多個點巡迴講
學兩個多月後，回到三藩市即打電話聯繫，才驚悉陳主
任在一次打麻將中，突發腦溢血送醫不治而逝。我仍執
著地在繆貞蘭的陪伴下去探望、安撫陳太太。另一位是
鄒杭杭，她是骨科蘇彬主治醫生的太太，從外單位調來
我們科推拿室工作，她是護士，不會推拿，上級要我帶
教她。蘇彬是老魏的在職研究生，後轉到美國讀研而移
民美國，鄒杭杭和兒子不久亦移居美國洛杉磯。2005 年
我去美國探親，我電話與鄒杭杭聯繫，才知道她們已遷
居拉斯維加斯。2009 年夏，洛杉磯學生王文忠與太太潘
月興（夫妻均是我學生），特邀我和躍子、若梅三人去拉
斯維加斯旅遊，各自從住地飛往目的地，相見歡聚，除

觀摩特色表演（人妖）、賭場設施、風景人文等外，順路
到鄒杭杭家玩。聽鄒杭杭與我訴說新移民初期之苦，她
非常感激我培訓她掌握了治脊療法，移民初期，蘇彬讀
研究生需交學費，還有考慮一家三口的生活費，她能在
醫館打工賺錢，全靠我們這套技術手法，維持當年家庭
生活開支，讓蘇彬能順利完成讀研，發展為高技術人才
（麻醉師在美國是高資人才），全家生活富裕安穩。

　　1996 年 5 月，我院正式在康復理療科成立"脊椎相
關疾病研究所"，我被任命為副所長。同年 7 月，由中
國康復醫學會頸椎病學會主任、威海市頸椎病研究所所
長潘之清教授簽發聘書，聘我為山東省威海市頸椎病研
究所教授級研究員，我心裏清楚，這是潘教授對我的關
懷。他是全國頸椎病學會會長，他為提高我的學術地位
和知名度用心良苦。

　　劉鳳雲主任在課題中，積極參加過胃、十二指腸潰
瘍病的普查和診治工作，退休前，上級徵求我的意見，
我建議段俊峰最適宜任所長，我認為我做副所長較合
適，這樣有利於開展工作。關心我的親朋和學生們不理
解，追問我為甚麼不肯任所長？我只說他們比我強，我
會盡力把工作做好的，由於心裏無私，故能服從他們，
在科研中，他們亦很尊重我。我遇事做到向他們請示報
告，直到退休後移交地方、出國期間，都堅持定期寫書

面報告，仍堅持這項組織原則。

我為甚麼不肯任所長？這是我有自知之明，魏征理解我，但我對別人均未作過詳細解釋。我心中有一把尺，自量自己有多長？我的弱點在哪？我主要弱點，在專業上：一、我非科班出身，入大學半工讀之前，業務技術八成來源於自學，文化基礎和科研工作所需要的知識，主要靠刻苦自學，帶着難點自己考問自己，勤奮查書，再不明白就多與魏征共同研究，由他指導而掌握。同時也可能正因為我非科班出身，就像一張白紙，業務中遇到診治的難題，我執著地緊抓這些難題不放，讓我在這張白紙上寫上我超前的思路，構思出一幅幅美妙的遠景吧！二、科研的各專科合作者，也是我的指導老師，亦為我提供了各專科知識、技能的學習機會，例如神經內科共研初期，王敏華主治醫生主動找我，說她有一例神經性水腫的患者，此前每次發病，都需住院治療兩個月以上才能痊癒。這次發病體重增加 18 多公斤，入院後頸椎病發作，王醫生開理療單，我為這位病人治頸椎病，我為他才治一次，他全身性水腫即有改善，三次就明顯減輕。王醫生跟我商榷“頸椎病與神經性水腫有甚麼關係呢？”我當時也不明白。晚上就與老魏共研，在解剖學中找淋巴循環和靜脈回流與頸椎的相關性，結果老魏提出骨科疾病中的“胸廓出口綜合征”。為此再請王醫生給病人補拍頸椎雙側斜位 X 線片，才發現他的頸椎有先天性畸形，雙側第七頸椎均有較長的頸肋，他又較愛左側臥，這樣睡眠時左側的淋巴管易被頸肋擠壓，使全身淋巴循環的大部份受阻礙而引發神經性水腫。多間醫院的醫生均主張他做手術，他不想做手術，我為他加用水針治其下頸上胸椎失穩的軟組織，建議他改用保健枕和減少左側臥，並教他學會牀上保健功。他積極改變上述習慣，追蹤觀察兩年多，神經性水腫未再復發。我在美國學術活動期間，會診一位右側面部和右上肢神經性水腫的病人，經檢查右鎖骨上窩可捫及頸 7 橫突且伴明顯壓痛，用同樣診治方法，五次痊癒。不斷探索研究類似的臨牀疑難病例，使脊椎病因涉及的相關疾病不斷增多，從 25 種增至 76 種。這個課題的研究過程使我獲益良多，我將各專科的參研者，都定位為我的老師。我尊重他們提供的素材，再結合科研計劃的需要，遇到困難再與他們切磋請教，這樣，長達 30 多年的脊椎病因學研究課題，真是"得道多助"，彌補了我的醫學水平的不足。我根據臨牀疑難病與脊椎病的相關性，先作細微的觀察，檢驗其有相關性後，按個人經驗寫出研究假設或方案，才提交給科領導上報或組成科研小組，在科研組內集體共研，可免許多誤差，較順利地獲得成果。三、解放後院裏培養我參加全國第一屆"西醫學習中醫班＂，在職半脫產三年結業。文革期間廣州醫學院的走讀生，二年半即完成廣州醫學院本科課程。畢業時病理學教授提醒：同學們不要認為畢業了，就已學好醫學了，你們這幾年只學會一樣技能，是甚麼技能呢？是＂查書＂！我很感謝教授的警醒，工作和科研中的確是要經常查資料書的。

在文化上：一、小學階段，因貧病交困、日本侵略，只正規讀完初小，由於勤奮三年讀完四年級。1937年，我11歲開始輟學在家勞動。二、中學年齡階段，我已是家裏主要農耕主力者之一，既無錢又無時間讀書，只因機緣，得到旁聽生的機會，獲簡易師範旁聽結業（詳述於前）。

在政治上：文革前我不是黨團員，不能勝任主管領導工作。只不過我是＂白紙一張，好畫美好的圖畫＂，工作中遇到治療病人療效不好時，心裏問號多多，在科教工作中當骨幹，更易發揮我的作用。我心想，讓有學歷、功底好的人當領導，才能做好工作。因此脊椎病因治療學研究規劃的請示／報告，都是組長魏征擔當的，他工作忙，由我寫初稿。老魏去世，及劉鳳雲退休後，我堅持推薦段俊峰繼任所長之職。

從 1950 年我一直積極要求進步，參軍、入黨的申請書，年年寫，但不知何因總是石沉大海，反而成為每

次政治運動中的"被運動員"，受審查、靠邊站。我自信
歷史清楚，胸懷坦蕩，每次"運動"後，我即重寫上交
參軍、入黨的申請書。

　　直到 1965 年 4 月，丁鈞當我們科主任，為我解決
了參軍的難題。一天我去高幹病房給軍區的政委治療，
他看見我白大衣內仍非軍裝，問我為何不參軍？我被首
長的關懷感動得流淚，說："從 1950 年開始與魏征同時
寫的參軍、入黨申請書，魏征不久就參軍入黨了。而我
每年都寫的……"正遇丁鈞主任來看首長，政委與她談
到我參軍之事。一個月後，我就獲准成為光榮的解放軍
"戰士"，穿上了 15 年來夢寐以求的軍裝。我終生一個
原則，頭腦中"要有忠字決無貪字"。心裏"有一分熱，
就要發十分光"，"只知付出而不計報酬"。為甚麼？因
從小生活於苦難中，讓我關注到世上與我同命運的人太
多，作為一名戰士，決心今生為人民謀幸福，我立志要
堅持在底層去關愛弱者，做雷鋒式的好戰士。

　　廣州解放後在職近 40 年，退（而不）休 30 年，一
直堅持兢兢業業地為醫療事業刻苦工作，堅持革新醫療
技術，服務於軍民，在魏征的熱情鼓勵和積極協助下，
同心協力，創立了脊椎病因治療學，為現代醫學填補了
病因學中的一項空白。脊椎病因的研究，在臨牀應用驗
證獲良效。我人生最後一個心願是研究課題"癌症的脊

椎病因",亦已啟動進行中。

我從 1950 年開始,與魏征同時寫參軍和入黨申請書的,魏征很快獲參軍,繼而入黨了。我卻一再寫此兩項申請書。眼看新的同事入團入黨參軍都較順利,而黨支部書記與我談心時,都只作一般性的鼓勵。軍區聯絡部的處長,總後的兩位領導幹部跟我談話,才弄清了一些因由,原來是科裏一位政治骨幹,說我姐姐在台灣,哥哥在香港,父母是國民黨。我從 1950 年到文革後的 1975 年,我在政治上莫名地成為"政治上的可疑、落後份子"。文革初期,有位護士寫我大字報,由大禮堂二樓掛到地面,是全院最長的一張大字報,指控我是台灣特務,我看後有口無語,無奈而罷。我坦然面對,沒有因此影響情緒和工作,一直相信黨、相信羣眾,會實事求是。我參軍和入黨,一直拖到首長過問才解決,為此工資、職級均比後來人低 1-3 級。

這個自命不凡的政治骨幹,自以為是三代紅根子,他初調來科時由我帶教他,他第一次學推拿都是我手把手教他的,可他是個極左的主觀主義者,毫無感恩之心,反而恩將仇報。幾十年的共處,若我無寬廣開闊的胸懷,對功名利祿淡泊如水,潛心於科研,也許在歷屆政治運動中已被"氣死了"。

第三章　濟世甘做開荒牛

一、將講義改寫成書

　　《脊椎病因治療學》出版的書稿，原是經十多年辦培訓班，反覆修改完善的講義。早在 1984 年初與廣東科技出版社聯繫，編輯部非常重視這本專著，我們才決定改寫成書出版。書稿送審後，編輯部很快完成三審工作，可是直至 1986 年都未能出版。1986 年 6 月初，我們在深圳為香港中醫辦脊椎病因治療學的治脊療法培訓班。期間，適逢國內頸椎病研討會在深圳召開，會議請老魏和我在會上演講，香港商務印書館黃港生編輯，聽後問老魏這項科研有無書稿？能否交給他們出版？當年香港尚未回歸，我倆又是軍人，不知政策是否允許？老魏婉言相告，有書稿，只是已交給廣東科技出版社了。我們想，這項科研的書稿如能在香港出版，有利於向國際推廣應用，只是需要請示領導，還要與廣東科技出版社商量後才能答覆他。經院領導研究後，上報後勤和軍區政治部。軍區首長指示，醫學技術的推廣應用是造福於民的事，且已辦海外培訓班多期，書稿交香港商務印書館出版，是可行的好事情。繼而由我與廣東科技出版社商議，因書稿不能付印已拖延快近三年了，擬要回書稿，以便另找單位出版。總編輯和參加審校的編輯均深感遺憾。據了解，未能及早付印的主要原因，是預訂數未足 3,000 本，唯恐虧本。總編輯曾提出要求我們認購 3,000 本書，當年我們工資不足以負擔這項購書經費。脊椎病因治療學在上世紀八十年代之前，尚較少學者認同，出版界又只能通過新華書店發行推銷，廣東科技出版社編輯部和社領導，十分惋惜，將已審校完善的書稿還給我們。我們即通知香港商務印書館派人來取書稿，同時，簽訂出版合約。經香港商務印書館編輯初步審閱後，需重拍書中相片，香港商務印書館派責任編輯帶領兩位攝影專家，在我們科重拍實操相片，一次完成，於 1987 年 12 月書就出版了，圖片清晰，書的質量確實比國內出的好，深受讀者的讚賞。

許多朋友和學生在國內買不到《脊椎病因治療學》，問我：這麼好的教材，為甚麼不在國內出版呢？其實我們科研論文專著都是首先投稿國內期刊和科技出版社的。第一篇治脊療法治療頸椎病的初步小結論文〈中西醫結合診治頸椎病〉，三次給國內一級期刊投稿，均在專家審稿時退回要求修改，先後三次退稿時，都要求刪除一例典型病例：2 歲半男孩，因高燒抽搐後右上肢癱，

臨牀診斷為“小兒麻痺症”。我們觀察並經進一步檢查
診斷，因患孩抗拒無法診治，兒科採取口服冬眠靈，待
其睡熟，觸診發現頸椎序列異常，拍頸椎 X 線片，確診
為第 3 / 4 頸椎右側小關節（關節突關節和鈎椎關節）錯
位，致斜角肌痙攣，使臂叢神經卡壓（斜角肌綜合征），
導致右上肢疼痛、乏力，而誤診為“小兒麻痺症”。在其
鎮靜熟睡狀態下，用輕力手法作“體位性牽引”，加“小
角度旋頸牽引”，觸診就正常了，治療只用了 5 分鐘，
當他睡醒後，右手功能已活動正常。我們希望用這個典
型病例提醒讀者，現行頸椎病的診斷標準不全面，外傷
和產傷可致青少年和嬰幼兒的椎間關節錯位，並非只有
中老年人頸椎退變增生，才會引起脊椎問題。最後我們
只好將論文降級投稿給《按摩與導引》雜誌發表了。

二、創建三個學術平台

為將脊椎病因學推入現代醫學寶庫，決心創立三個
學術平台。

1. 開創發展和鞏固提高國內的學術平台

魏征和我於 1959－1969 年在脊椎病因治療學研究初
期，先後多次討論過這項課題，從研究中發現頸椎病可
引發 20 多種臨牀病因未明的疑難病症，深感問題之多，
非我倆此生能完成的，預計需要三代有志之士接力研究

才能完善。故老魏向院首長建議，除科室人才培養這項
課題成果技術外，每年招收進修生和開辦培訓班，得到
了院領導的大力支持，歷任院長，其中最給力的有魏浩
然院長和徐作良院長。老魏任研究組長，指定由理療科
招收非手術療法的進修生和開辦專項技術（非手術）培
訓班。歷經 30 多年的多方努力，為全軍、全國培訓了
大批專業人才，學員們中有的已成為單位、地區或省市
的技術骨幹，學員們又為這項目培訓到基層人員。我院
於 1996 年還在理療科成立了“脊椎相關疾病研究所”，
積極開展脊椎病因治療學的臨牀應用工作和動物實驗研
究，獲得了良好效果，深受國內醫學專家的關注。到
2011 年，我院康復科已舉辦國際專業培訓班 38 期。

在軍內培養成才的人員，多年來轉業或改行者太
多，促使我們培養一些國內穩定的技術骨幹。正當我院
籌備第二屆全軍脊椎病因治療學師資高級培訓班時，適
逢廣州醫學院附一院理療科區厚成主任來訪，平時他遇
疑難病人，會與我們切磋，或邀請我們去會診。他說他
很想來我科進修治脊療法，但因工作忙而一拖再拖。這
天來訪，聽我們說將開辦第二屆全軍治脊療法培訓班，
他提出想送一位新畢業的青年醫生沈彤來參加學習。我
說條件不符合院內的招生條件，老魏答應為他打報告申
請。軍內培訓班過去是不收地方學員的，我們就以廣醫

是我們脊椎病的解剖基礎研究的支持單位為由，希望廣醫能成為國內首家大學設此專科的培訓基地。經報上級審查獲得特殊批准，破例在全軍培訓班收下這一位地方的年青學員。這屆全軍治脊療法培訓班，以培養師資骨幹為主，要求主治醫生或主管技師以上資歷才能報名，培訓期半年，是時間最長的一屆（通常培訓班均為 7－15 天），上午跟班實操，下午講課，晚上練習。學習半年後，這期學員有不少成為國內各大軍區的脊椎病因學的師資人才，為推廣應用治脊療法發揮了積極的作用。

1959 年至今，隨着課題深入發展，我們培養了大批臨牀或專業的進修生。魏征在骨科帶教三名在職碩士研究生，其中一位主治醫師段俊峰，科研課題是“胸椎錯位致心律失常及心肌缺血的動物實驗研究”，選用家兔，手術致 1－5 胸椎錯位。實驗獲得成功，院領導命令將段俊峰由骨科調到康復醫學科任副主任，繼續此課題研究，並在康復醫學科成立“脊椎相關疾病研究所”，為了完成理論研究，積極開展脊椎病因學的動物實驗研究課題，段俊峰榮立三等功。

段俊峰升職科主任後，積極開展治脊療法，並主編《脊椎病因治療學》第二版，由人民軍醫出版社出版發行。段俊峰近年與沈彤（即廣醫的特殊學員）相互支持和協作，在國內、軍內做了大量的建設性工作，培養了國內外一批批學員，承擔了國家級和省級的課題工作，2011 年通過中央衛生部組織的專家評審，課題在省內的推廣項目獲得通過，使 "治脊療法" 被中央衛生部批准為適宜在全國推廣項目。

1996 年我科成立研究所時，王廷臣是上級派給我的第一位助手。他聰明好學，思維敏銳，勤奮有悟性，在工作中克盡職守鑽研脊椎病因治療學，勤學苦練治脊療法基本功，當他較全面掌握操作技術後，辦培訓班安排他帶教學生，指導他教學要領，使他迅速成為這項專業技術的骨幹人才。我退休十多年來，仍堅持培養他提高脊椎相關性疾病的診斷和鑒別診斷的水平，使他在技師崗位上能全面掌握脊椎病的醫生診治技術。我去美國後，本希望為科裏留下培養十多年的他，能代我診治疑難脊椎病。遺憾的是，部隊的特殊性是鐵打的營盤流水的兵，最後還是轉業了。轉業前後，他常安慰我，他決心傳承和繼續革新開拓這項專業技術，在朋友的幫助下，獨立創辦一個專科門診部，開辦高質量的專題技術培訓班。四年多的奮發創業，他獨自在國內外（東南亞）培訓了多屆學員，深受國內外的好評。

2012 年我患咳嗽遷延難癒，經拍攝胸片被放射科診斷疑似結核性肺炎，經兩間醫院呼吸科主任會診為流感病毒支氣管炎和陳舊性肺結核，經服用抗炎和化痰止咳

藥近兩個月才痊癒，可見年老免疫力低下了，康復期延
長多了。

　　軍內培訓後能堅持這項技術工作，並積極辦班培訓
專業人才者，目前本科段俊峰已宣佈退休了，我將癌症
的脊椎病因研究課題交給接班人呂曉宇主任。

　　軍內培訓的學員，能大力發展這項重點技術的有：
郭萬剛，新疆蘭州軍區烏魯木齊總醫院康復醫學科主
任；王燮榮，北京市海軍總醫院康復理療科主任；許正
軍，北京解放軍總後門診部康復科主任；酈時恩，成都
軍區機關門診部推拿科主任；張謙光，昆明軍區總醫院
康復醫學科副主任；馬昌陽，雲南個舊市人民醫院骨科
主任，他因手術忙，難親自做治脊療法，先後購買四台
治脊牀，培訓護士操作，後又讓兒子來我科進修而接他
的班；劉忠建，河北保定部隊醫院康復科主任；張增
田，河北石家莊市 260 醫院康復理療科主任。他們都在
軍內為推廣應用脊椎病因學作出了貢獻。

　　地方醫生培訓後能堅持這項技術工作，並積極辦班
培訓學員者就更多，在國內已有較多應用單位。廣州
表現較突出的有：沈彤，發揮了地方的優勢，在廣州醫
學院領導大力扶持下，在學院積極開展教學工作，培養
了一屆屆醫學院專科畢業生。國內外邀請我參會或講學
時，我亦有意推介沈彤代我宣讀論文，或多媒體講演，

加速他成長。他熱愛這項科研成果，認真勤學苦練，迅速成長，早期遇疑難病例，尚需請我們會診解難，但很快就能獨立工作；每年開辦國際培訓班，早期還請我們去主講，幾年後已獨立主辦培訓班，並受到海外學生的讚譽。經 20 多年的努力，他已成為香港理工大學兩年制的理療碩士班的專科客座教授，並受邀到東南亞多地講學。范德輝，廣東省第二中醫院康復科主任，碩士研究生導師，他將治脊療法與中醫內外兼治和辯證論治結合運用，取得良好成績。鍾士元，畢業於廣州中醫藥大學，業精於勤，自參加我們培訓班後，專心鑽研理論，善於與中醫學理論相結合，總結骨盆旋移綜合征的治脊療法，研究骨傷與筋傷的相關性，善於開拓新技術；他還是廣州科普精英，常以科普形式宣傳，近年在國內各省市廣泛開辦培訓班，使脊椎病因學在國內得到更廣泛的宣傳。陳紅根，南京市江蘇省中醫院針推康復科主任，碩士研究生導師，進修後積極開展這項技術，深受病人讚揚，該院為了擴大應用這項新技術，先後選送四名高年資醫師來我科進修，在華東區積極推廣這項新療法。

目前脊椎病因學在軍內、國內和國際上知名度已達到了推廣的目的，從而已初步形成了國內的學術平台。

2. 創建香港暨東南亞的學術平台

1987 年 12 月，為了專著《脊椎病因治療學》的出版，我和老魏應香港商務印書館邀請去香港，認識了總經理陳萬雄先生，他很讚賞我們創新的理論著作。我們第一期香港學生梁潔雯醫生，接我和老魏住在她家，梁醫生非常熱情照顧我們，除陪護和開車接送我們去學術活動外，還抽空帶我們參觀遊覽香港名勝古蹟。她和丈夫有三個兒子，為讓我們住得舒適些，臨時讓孩子們搬去書房住，讓出較大的房間給我們，每天買菜用心煮飯給我們吃，菜式多，肉食美味豐盛，老魏多次提出勸她少肉多蔬菜。一天，我倆外出活動，抽空在菜市中參觀，才發現香港的許多蔬菜比肉還貴呢！這才不再勸說要多點蔬菜了。此後梁潔雯有機會來廣州，亦常到我家玩，後來她為陪兒子讀大學移民去了澳大利亞，在近海買了房子，海景和環境很美，多次邀請我去她家住，還多次提出她出錢陪我旅遊全世界哩！可惜我為了科研，決心創建三個學術平台的心願未了，多次婉言謝絕了，讓她難圓這份敬愛我的心願。

這次是我倆第一次到港講學，就在銅鑼灣商務印書館二樓，介紹我們研究的學術成果，為我們第一次出的新書《脊椎病因治療學》作宣傳。講演廳坐滿了讀者，老魏和我的報告都很受歡迎，聽眾越來越多，過道和廳外均站滿了人。

當年剛培訓完的第一屆學員有 20 多人，都非常熱情地歡迎我們，我們重點參觀了一批診所、醫館。許多醫師還給我們介紹香港的風土人情和旅遊勝地，幾天的活動，充滿了師生友情，心情非常舒暢。其中黃傑醫生是祖傳跌打中醫，他請我們參觀他爸爸的跌打醫館，還請我們去他家，看到他藏書很豐富，他那些中英文大部頭的藏書，深刻地改變了我們此前對祖傳中醫較保守的偏見。這些現代有志者身處香港，比我們有更多機會接受西方醫學的薰陶。第一批學員組織了香港治脊學會，會長先後有秦鴻、陳忠良、陳培華、袁啓順和黃傑。黃傑退任後，由陳紹興繼任。

從 1986 年到 2012 年，我們專程去香港，或從美國往返經過香港，前後有 15 次，每次骨傷治脊學會均會組織講座，每次參會者均十分踴躍，100 人的大會座無虛席。聽說 2012 年學會會員人數已超過 1,200 多人，2013 年 9 月增加到 2,000 多了。目前在新加坡、馬來西亞、印度尼西亞、澳大利亞、日本和台灣等地有大批歷屆培訓班海外學員，其中包括學者、院長和校長等人士，他們將脊椎病因學引進教學科目。近年由沈彤和王廷臣繼續到東南亞的學院講學或舉辦醫技培訓班。

近年，王廷臣、沈彤和鍾士元應邀在香港和東南亞多個教學點開辦培訓班，他們年富力強，能積極推廣應用，讓我很開心！至此自然而然形成香港暨東南亞的脊椎病因治療學的學術平台。

香港商務印書館 1987 年出版《脊椎病因治療學》後，1989 年 6 月，特邀我去香港拍攝了一部錄像帶《都市病家庭推拿法》，這部錄像帶曾暢銷幾年，隨着科技的進步，2003 年協議改成 VCD，2011 年因我視力下降，張倩儀和毛永波兩位總編輯徵得我同意，由他們編輯部將我幾本書中與 VCD 中內容相關的文字資料，集腋成裘編成書配碟的版本，定名仍為《都市病家庭推拿法》，書的封面上，在作者我的名下，註上治脊療法開創者。

1995 年，為支持我們與北醫三院合寫的英文書 *The Study and Treatment of Spinal Diseases* 的出版，香港商務印書館曾告訴我們，他們之前從未出版過英文醫學書，仍決定大力支持我們，總經理陳萬雄説：“即便會虧本，也為我們出版。”我們大為感動，結果真的虧本了，銷量太少，1,000 本書，至 2005 年尚未售完。到 2005 年我去美國才從學生那裏了解到，該書的英文，只有楊克勤教授中譯英文字是好的，其他大部份的英譯水平都不好，美國人閱讀説“看不明白”。

2001 年老魏去世後，香港商務印書館依舊熱心支持我，從 2004 年至 2010 年，先後為我出版了《龍層花頸椎病防治》、《脊椎病因治療學》（二十周年紀念版）、《龍層花腰骶椎病防治》和《龍層花都市病家庭推拿法》書配碟版。今年又特約為我出版"回憶錄"。

2005 年，我第十次應香港商務印書館邀請到香港，由張倩儀和毛永波兩位總編輯接待，還安排一天參觀名勝古蹟。2012 年 2 月，商務印書館與北京世界圖書出版公司合作，授權將《脊椎病因治療學》（二十周年紀念版）改為簡體中文版在國內出版。簡體版出版方事前未與我商榷，在封面上註上"世界醫學界首創"、"脊椎治療新突破"、"醫學院經典教材"、"業界必備工具書"等字樣。我收到樣書後，打電話對他們的過高評語提出意見，此舉有違我為人低調的一貫作風。

3. 創建美國加州的學術平台

1988、1990 和 1993 年先後三次隻身赴美國參加國際學術會議，會後巡迴講學。在國內，沒有語言障礙，可出國不同了，初次赴美講學困難甚多，既不懂英語，一路沒有嚮導，又無親戚朋友陪同。一個陌生的地區和國家，我只有兩位學生：陳壽華和繆貞蘭在美國，又都是新移民，她們的處境還較困難。1988 年第一次去美國，她倆為我向大會報名，並籌款買機票，克服了不少困難。因臨近會期，已無機票可訂，最後航空公司通知，只有一張頭等艙，原訂者因故退的票，單程就要美金 1,000 元。為借這票款，她倆多方託親友借錢，最後繆貞蘭請親戚從香港借錢購票送來廣州給我，才讓我在會前一晚到達，保證了我次晨即參加第四屆世界中醫大會。這 1,000 元美金的高檔機票，直待我在美教學半年，得到學會的講課費，才賺夠還給繆貞蘭。

　　1988 年第一次受美國學者邀請，起因是香港學員陳壽華醫生（廣州中山醫學院畢業，湛江醫學院工作十餘年後移民香港，我們深圳辦第一屆治脊療法培訓班的學員），移居美國後在沈明琛教授診所工作，聽說沈教授主辦第四屆世界中醫大會，便將《脊椎病因治療學》一書推薦給沈教授。沈教授粗翻一遍後說，這書很有新意，你能幫我聯繫他們嗎？不久我便收到她寄來的“第四屆世界中醫大會”的邀請信。老魏和我打報告申請去美國參加世界中醫大會，本院、後勤和軍區幹部很快批准了，後來聽說，這是非常罕有的特批。遺憾的是，老魏不慎碰傷頭部，腦硬膜外血腫（80 多毫升），需手術治療，我只好單身赴會。據事後同事告知，當年後勤、軍區極難批准軍人出國，尤其夫妻兩人同時申請。怎麼能同時批准你們夫妻兩人多次同赴出國開會呢？香港七次，美國四次，新加坡兩次。老魏和我衷心感激各級首長，在幾個歷史階段，對我們的培養和信任，特批我們參與國際學術活動，這為脊椎病因治療學和治脊療法的推廣應用，為將脊椎病因這項新的診斷標準和防治技術，推進現代醫學的病因學研究，起到強有力的推動作用。

經與老魏商量好，他寫信請大學同班老同學，原廣州中山醫學院耳鼻喉科主任，已移民美國的陳秉謙教授，幫助解決我在美國開會時的住宿問題，讓學員陳壽華、繆貞蘭二人接機，再請香港三嫂親戚曾綺華在港接送、安排住宿和轉機。他一切安排妥當，才去住院作頭部清除血腫的手術，手術後有冰兒照顧爸爸，一週後，病情平穩，我向他道別，獨自啟程經深圳過關，在曾綺華家住一晚，從港乘機直飛三藩市，一路平安順利。香港晚上 11 時登機，到三藩市是同日的下午 7 時，當時我手錶是 11 點，同機鄰座的男士解釋，是時差所致，教我將手錶指針倒撥 4 個小時。我多次去美往返，都利用在港允許免簽證停留一週的規定，為香港骨傷學會舉辦講座，將新項目傳授給學員們，講座很受歡迎和好評。

《脊椎病因治療學》在美國報告一炮打響，1988 年的第四屆世界中醫大會共三天，我國代表只有八人，幾位中醫的論文，都是方藥和針灸的經驗總結。在報告安排的議程中，老魏的論文 "脊椎病因治療學"，和我的 "治脊療法治療胃十二指腸潰瘍"，原安排在第一天下午和第二天上午各 15 分鐘。第一天上午開會前，陳壽華即介紹我認識沈明琛教授，他原是台灣人，移民美國後任中醫博士。他熱情對我說："您們的研究很有創意，上午我是大會執行主席，下午我會親自為您口語翻譯。"我非常感激。

上午會後，午飯前，大會秘書告知我，下午的主持人，一位黑人教授（名字已忘記）約我飯後到小會議室見面，陳壽華和我匆忙吃完飯，見沈教授與黑人教授已到。沈替我們口語翻譯，他了解到老魏和我是課題共研者又是夫妻關係，問這兩份論文能否合併報告？我答可以。這位黑人教授要我為他檢查頸椎，我為他檢診，同時講明觸、檢診後的病情分析，又為他施以簡易治法，他舉起拇指以示滿意。下午他上台即宣佈，要我兩文合併報告，給予報告時間一小時，由 30 分鐘延長一倍。我用 40 分鐘報告完，15 分鐘演示治脊療法治胃十二指腸潰瘍，留 5 分鐘解答提問，全場掌聲熱烈，我國代表把我圍起，熱情地握住我的手說我為國爭光了！我亦感受到，已達到了老魏的預期目的而興奮，但我心想：不能滿足喔，因為只是中醫界的大會認可是不夠的，要讓脊椎病因學成為現代醫學病因學中一項常見病因，需要力爭在西醫主流醫學上認同，才能達到醫界共識的目的，這目標成為我此後研究的重點，我深信，只有通過動物實驗研究的檢驗，才能達到西醫權威的確認。

周敏華是當屆會長，是沈明琛介紹我認識的，周是加州中醫師公會會長，原是廣州市人，故有一種故鄉人的親切情懷。她為加州的中醫立法做了大量工作。她聽了我的報告，很讚賞我們的科研成果。她聽說我只有三個月的學術交流時間，認為這項技術對學會同仁很有幫助，希望我能停留半年，提出為我申請延期，請我為南北加州十幾個中醫講學點巡迴講學，傳授治脊療法。她一路陪我進行北加州講學，安排副會長陳啓榮醫師送我去南加州（洛杉磯市為中心）講學。我為此給醫院領導和老魏寫信，老魏將院領導批示同意延期三個月告知我，加州移民局亦批准我延期的申請，我才安心按加州學會安排講學。至 1989 年 1 月 30 日回穗。周敏華會長此後多次回穗小住，均約我聚會或到家探望我，此後我多次去美，她都熱情接待我，遂成為摯友。

去洛杉磯市初期，我住在一位姓蔡的醫生家，第一站在她診所，以會診形式帶教她，除了頸肩腰腿痛的病例外，我希望她約些脊椎相關性疾病，她說有個 36 歲的哮喘女患者，她用針灸有效但不能根治，我告訴她，檢查若符合脊椎病因，是有希望根治的，她電話通知患者，不久患者到了，是一位體格壯健的美國白人女青年，身高約 1.7 米，問診已知她針灸後日間已無哮喘發作，但每晚睡到下半夜，仍會不定時的發作。蔡醫生介紹我的專業，徵得她同意簽字後，我體查證實，她頸 4 至胸 2 有錯位體徵，正骨推拿復位後，患者深呼吸很順暢，非常開心地擁抱我。我巡迴 15 天，她追蹤到 15 個教學診所，她説從第一次正骨推拿復位後，哮喘就再未發作。她請我講明甚麼作用力治好她的病呢？我反問她，15 年前她患哮喘前怎會傷到頸胸椎的，她回憶片刻説，哮喘前約半年有一次車禍，她的車與前面車發生追尾事故，當時有些頭昏作嘔，醫生檢查未發現傷情，未作診治不久亦自癒了。我問她睡覺不受影響嗎？她很驚訝地説，當時她的家庭醫生説她車禍後失眠，是心理問題，要她去看心理醫生。我問她失眠是怎治呢？她説開始醫生給她吃安眠藥，後來發現俯臥易入睡，就常取俯臥姿勢入睡，不再吃安眠藥了。我告訴她，如果她車禍後及時調理好頸椎錯位，就不會失眠，也不需要俯臥了，是俯臥導致病情發展——由頸椎錯位（上樑不正引起下樑歪）發展致胸椎繼發性錯位，傷害了交感神經導致支氣管痙攣引發哮喘，所以屬於脊椎病因。她説會將這個理論告訴她的家庭醫生。

這次在美期間，初期住在陳秉謙兒子的學生宿舍裏，這個房子是他兒子讀書時租住的，他兒子後來與房東簽約，替房東管理整個學生公寓的衛生，房東讓他兒子免費長住此房。他兒子畢業後工作，與另一住戶學生簽約，搞衛生就由簽約學生做了，他兒子已成為這座學生公寓的"二房東"，從此學到了房屋管理，而開創了房地產經紀業務，幾年內即發家致富成家立業。這間房已空置很久。我在這房住的時日有 20 多天，感謝陳家熱情（免租金）照顧我，讓我從公寓中大批華人留學生的生活中，體驗了美國底層人民的生活狀況。宿舍在三藩市三街，其實這是三藩市一條通往遠郊的公路，路很長，沿途可見到垃圾處理場和廢車堆放場等地段，是底層人民生活散居之地。我住的房間在三樓，約有八平方米，一張單人牀，一張小書桌加椅子，一個面盆架，已無空地了。牀頭旁書桌。桌前一個外窗，可看見隔壁的警察局內院，警車常在下半夜出動，不久警車鳴叫着回來，從車上押解下來的犯人 1－5 個不等，大多數是黑人。

　　繆貞蘭和陳壽華為我赴美克服了許多困難，給我鋪平了赴美講學之路，我為感謝這兩位早年學子，決心以技術幫助她們。慢慢地我才知道類似她們這種技術性移民，立業生存的起步是很艱難的。1990 年第二次去美，我住在陳壽華家，為她母、子、女兒三人治療脊椎病，她兒子有較重的脊柱側彎（約 30 度），且併發多關節多類型錯位，症狀多而反覆發作，與其喜用水牀有關，經勸說同意睡木板牀。陳壽華仍在沈明琛診所工作，工資低，要養育這一對少年兒女，房租已佔了工資的一半，伙食費和交通費幾乎不足支付，我非常同情她，心裏又很惋惜她，以她的學歷（上世紀五十年代廣州中山醫本科畢業）和才華（湛江醫學院教授工作十幾年，在港曾開兩間診所），無論在國內，在香港，都屬高級醫師的人物，此地生活質量比國內和香港有天淵之別。我與她們同住，無牀就打地鋪，每天由她開車帶我去沈教授診所，因她路不熟，買的又是最便宜的二手舊汽車，所以在上下班路上花的時間較多，午飯只有半小時；又因經濟不寬裕，多吃熱狗或漢堡包。她很堅強，胸懷也很寬闊，還立志在美或去澳大利亞建立治脊學院。此後我幾次去美都去探望她。1993 年時，她租了一層樓，開診所已併入佛教教會中，為該教會的信眾辦手法培訓班，還帶我去看過她擬籌辦教學的出租屋。

　　2008 年我最後一次去美國，她熱情地請人載她去躍子家中探望我，答應為我做《脊椎病因治療學》的中譯英工作。躍子亦曾載我去探望她，她兒子逝世留下一個孫兒，女兒大學畢業已工作並成家了。她遭遇不順而至看破紅塵，決心出家削髮為尼，成為一個虔誠的佛教徒，常為佛法佈施而遠行做法，她曾告訴我，巴西的弟子請她移民去那兒。我 2011 年決定回國，與她電話聯繫未能聯繫上，去她住處早已退租，從此失去聯繫。

　　繆貞蘭有親戚幫助，能較快地度過新移民的困境。我第一次去美時，她在三藩市唐人街，接手租了陳秉謙的小診所，開設醫療保健的推拿專業診所。我利用每個週末，從一位林醫生的診所處乘電動小火車到三藩市，在診所帶教她，為她會診疑難病例。她兒女都成家立業了，生活已很安定。她"中山同鄉會"的鄉親介紹她認識年叔，不久與年叔結婚。兩老過着幸福生活。

　　1988 年我從洛杉磯回三藩市後，正逢中醫師公會聚會，周敏華通知我參加，餐會上，學會老會長陳教授和他太太林醫生邀請我倆同桌進餐，他兩人原在北京讀西醫，分別在北京醫學院和兒童醫院工作多年，"文革"後移民美國任執業中醫。他倆誠懇地請我帶教他大兒子。他們答應我為躍子作經濟擔保，並提出接我住他們家，希望我利用在她診所上班，及在他家住的機會，輔導小陳醫生，我答應了，就利用延期的三個月，住到他們家了，既為他們帶教小陳醫生，又能使躍子去美國留學，雙贏了。

　　在此期間，有一天突然來了一位學會的鄧醫師（廣州人，音樂天才，女高音歌唱家），她專程開車來接我去她的診所觀摩，到達後，她介紹我認識另一位女青年黎京醫師，並非常懇切地希望我能帶教黎京。鄧醫師講，黎京是她一位很要好的音樂家朋友的女兒，來美在她診所培訓學習。這個年青人非常好學,是個很熱情的青年醫生。我見黎京長得很美而善良,言笑文明,舉止大方,確實是值得培養的好苗子。經商議後,我決定讓她每週末去繆貞蘭診所,以實踐為主傳授技術的方式帶教。我在繆醫生診所指導黎京,暢談中才知道她是香港黎醫生的親姪女,我們三人(繆、黎和我)都開懷大笑,都説"地球之大而地球又很小"。屈指一數,20多年間黎氏親屬中是我的朋友、師生、病者已有七人之眾。

由於黎京的鑽研精神,20年後博士畢業,成為中醫師專業的針推專家級人才,備受業界的推崇。2005–2010年我第四次去美期間,她非常關心照顧我,為助我教學和科研不辭辛勞,幫助做了好多聯絡工作,使我順利開展了學術活動,完成了培養五批脊椎病與脊椎相關疾病診治和教學人員。她無私地協助趙廣偉,為組織北加州脊因學的學術平台,立下了汗馬功勞。

1990年第二次,應美國加州中醫師公會主辦"第五屆世界中醫大會"的邀請,6月22–24日,大會在三藩市遠郊的加州大學柏克萊分校舉行。我替老魏作〈脊椎病與脊椎相關疾病研究〉報告,我個人的技術實操講演,是〈頸椎病的診治法〉,均受到高度評價。

躍子是1989年赴美讀碩士的,他來會場探望我,一年多的離別,母子能在異國團聚,樂也何如!一見面，解了一年牽掛，開心至極。繆貞蘭即時為我們合影留念。會後多位參會者邀請我去講學，其中還有兩位院長（加州中醫研究院院長羅志長和美國國際醫學院院長王英秋）請我留下任教，我婉言謝絕了。我告訴他們，我還有不少項目要繼續研究，美國中醫界目前尚缺現代科研條件，故我不能留下。其實我心中有一情結，要為國爭光，宣傳研究成果擴大國際影響，按需要可借力於外國講學，但研究項目成果必須權屬中國。

這次在美學術交流三個月，繆貞蘭當起"伯樂"來，她 1989 年因脊椎不適，曾到一位新移民診所做過治療，她提出希望我能帶教一下這位青年醫生，她告訴我，這個年青人很值得培養，不但年輕身體好，更主要是有西醫基礎，又掌握了中醫傳統手法，是個好學上進的好苗子，培養好了，將來能將治脊療法在美國傳承開展。經她的推薦，在留美最後的十多天，我搬到趙廣偉家住，每天跟他到診所為他會診病人，帶教他運用治脊療法診治脊椎病與脊椎相關性疾病。他基礎好，熱愛推拿專業，好學，悟性高，鑽研精神強，故我採用會診的方式，與他共研討論疑難病例，先由他按常規接診，再由我按脊椎病因治療學的診治方法帶教他，詳細介紹脊椎病因學的理論和脊椎病的診治防要點。在這短短的十多天，他感到所學正好為他解決了診治疑難病人的關

鍵難點，業務有了飛躍性的提高。由於他業務上能精益
求精，服務病人熱情周到，組織活動能力又強，發展順
利，十多年已成長為加州中醫聯合學會會長，海內外知
名專家了。他第一個在診所掛出“龍氏療法”的牌匾，
他不但不聽我勸告取下這牌匾，還特意寫了一封建議信
給我們醫院，希望推廣龍氏手法這項新技術，由此打破
了我一貫低調不願張揚，埋頭科研做實事的做法。

　　1993 年第三次去美國巡迴教學，住在躍子宿舍，他
室友為讓我入住而臨時暫居別處，使我能與躍子生活在
一起，躍子早出晚歸，下午回來，與我共享天倫之樂，
共敘家常。

　　這次在美國，除指導前兩次帶教過的學員外，常受
邀會診，解答疑難問題。一次應加州中醫藥研究院院長
羅志長的邀請，在學術會議上演講〈治脊療法診治冠心
病和心律失常〉，講到動物實驗時，我看到聽眾中有六
位美國白人一齊退場了，講座雖不曾受到影響，但我心
中警覺到是否有不宜當地人的話語？散會後，陳壽華、
繆貞蘭和大會主席先後告知，這些人是美國動物保護組
織的成員，她們退場以示抗議這種實驗對動物的傷害。
我又問了幾位朋友，難道美國醫學研究就不做動物實驗
嗎？回答是肯定做的，美國醫藥學也有動物實驗。這種
退場仍屬有禮貌的“抗議”，都說這就是美國民主自由的

表現。

這先後三次在美的宣傳、推廣和學術交流，重點指導過的學員都已能用於臨牀，受到病人歡迎，學會講座亦受到參學的醫師們肯定，了卻我將脊椎病因治療學在美建立一個學術平台的心願。

2005 年第四次去美國探親，受聘為美國博士研究生導師，回國後受聘為康復醫學科顧問。

2005 年第四次是躍子買了安居的大房子，要我去安享晚年，孩子的一片孝心，我很欣慰，而心裏放不下誠兒的關照。弟妹和冰兒都一致鼓勵我趁健康尚好先去美探親為宜，終促成我在美長住五年之久。由於前三次在美講演和帶教了陳以惟、李勁芳、繆貞蘭、陳壽華、黎京和趙廣偉，他們在 20 年間都事業有成，讓治脊療法在美國加州中醫界有較好的影響和發展。

2008 年 2 月接受美國加州中醫藥大學（Five Branches University）的聘書，被聘為該校中文博士班教師，講授"脊椎病因治療學"課程。2009 年 1 月，受聘為該大學博士研究生導師，先後教導博士研究生三名：齊秀平、談恩麗和張中華。2010 年 10 月，齊秀平的博士論文〈32 例乳腺癌的脊椎病因研究報告〉獲得答辯評審通過而畢業。談恩麗於 2011 年 1 月畢業。張中華初擬以〈治脊療法診治三叉神經痛〉為博士課題研究，我於 2010 年 12 月回國，他尚未畢業。

2010 年 10 月我受聘為該大學教授，回國後仍聘為客座教授。2010 年 10 月，美國加州中醫師聯合總會聘我為學術顧問。同年底回國後因病休養半年，回科作技術指導，2012 年本院聘我為康復醫學科和研究所顧問。

三、為首長做保健工作四十年無怨無悔

1960 年以前，在理療科給首長做康復理療和推拿保健工作，只由我一人出診。現回憶起來，這幾十年我服務過的軍級以上的首長有：中南軍區政委、廣東省委書記、廣州軍區司令員、廣州軍區政委、元帥、軍委副主席、元帥、南京軍區政委、上將、空軍司令員、總後勤部部長等，還有較短期治療的，很多首長已記不清了。

1951 年 8 月 28 日，我在生大女兒尚未滿月的情況下（產後第 28 天），接到醫務處通知：晚上 12 點要出診，為首長做保健。那時給首長保健是嚴格保密的，院內尚無宿舍，我自家租房子住在盤福路，第一次醫務處派車帶我去，以後由軍區保健醫生派車接送。當年廣州市的路燈燈光很暗，只感到車子到東山後進入一大院，還在院內小路轉彎多次才到達，那種戒備森嚴的肅靜，有種緊張的氣氛，使我產後虛弱的身心在微感寒顫。進

入其宿舍，只由她保健醫生簡介，小聲告訴我，首長因失眠，頸背部酸痛，叫我為她做按摩放鬆，並指示我，治療要達到催眠入睡才好。經十多次治療後頭部和頸背部病情有明顯改善，我才從中聽到工作人員稱她某書記，魏征猜測她是某首長的夫人。那書記不與我講話，我也不便多問，這不符合我治病的常規，我診治求明確，明確病原治案才會完善，只好先請她講明不適部位和症狀，治療中有不適時請及時提出，就按我檢查到的體徵治療，先俯臥揉鬆緊張的背肌，給她施以輕的捏脊療法，然後仰臥（她枕頭太高，臨時換個枕頭），充份揉捏兩側肩頸部，緩慢調理活動輕拔伸頸椎，使其達到消除身心的緊縮狀態，改以重力點壓下肢穴位足三里和三陰交，最後以輕揉的頭部按摩和眼額區的撫摩催眠至安然入睡。

半個多月後，那書記與我講話了，她說首長也失眠，讓我給他做一次試試。首長不讓我給他治背部（那時我不知他有槍傷），只讓我按摩頭部，我心中明白，這只屬治標法，療效不理想是意料中事，故只試一次就不做了。

工作一天下來已很倦怠，晚上 11 點半出診至凌晨 2 點回家，到家給冰兒餵奶、自己洗澡後還要洗洗刷刷，3 點多上牀睡，好在冰兒很乖，我才有三個多小時的安睡，7點趕上班就忙了，幾個月後那書記調動工作才停止出診。

大多數的首長診治在正班進行，只有其中兩位現職大首長是夜晚出診，但都在午夜前回家。當時我產後體弱，魏征抗美援朝手術隊不在家，媽媽體弱多病，只靠褓姆阿二婆林玉為我照料冰兒。

1989年1月30日旅美回國，次日上午8點鐘，醫院保健辦電話通知要我到高幹病區會診。高幹病區主任介紹病情，軍區某政委患心腦血管病經搶救心衰已好轉，但眩暈無改善。我見首長閉目仰臥不能翻身，面色蒼白慢性病容。我站在牀頭，用雙手中指輕力由頸6逐個觸診至頸1和枕骨，發現首長中下段頸椎呈老年性退變的僵硬致頸軸變直，眩暈主因是由頸1 / 2椎間關節混合型錯位引起的。我考慮首長整體病情，採用"急則先治其標"為宜，將方案分成三個階段：1. 先治頸性眩暈；2. 一周內眩暈痊癒，加治胃腸功能，健脾祛濕可使食慾改善；3. 第二個療程，全脊柱診治，有助醫藥內外兼治的整體調理，加速康復的療效。

會診的各位主任同意後，我為首長施治，只用兩個輕巧手法：1. 手法牽引（平牽和體位矯正提牽法）；2. 仰頭和側頭微動搖正法，手法輕巧可免誘發眩暈。手法約5分鐘完成後，用兩個熱水袋放置在兩側肩頸部，請特護協助觀察免發生燙傷，一日熱敷 2 次，每次 30 分鐘。
當天下午首長頭頸部就可以慢慢地轉動，夜裏在護士幫
助下可翻身側臥。按治脊療法方案配合內科方案，首長
康復出院後，仍堅持階段性到我們康復醫學科做門診保
健，療效顯著。兩年後我和老魏去北京辦培訓班，總後
勤部部長讚揚我們的研究成果，他說總後接到政委病危
通知已為他選定了接班人了，卻因我們的研究成果又救
治成功，使政委康復到能履行職責，讚揚我們的科研成
果很實用，批示我倆去北京辦培訓班。

幾十年的保健工作，為師級以上幹部和蘇聯顧問診
治過程中，我都堅持按保健要求認真負責，熱情耐心，
謙虛謹慎，作風正派，遵守保健守則，不談與診治無
關的內容，不隨便應對業外問題，積極完成上級交給的
任務，因此，既受到院領導的表揚，亦獲得首長們的尊
重、肯定和讚揚。診治的 400 多位高幹和專家中，也遇
到個別人士做出失禮的舉動，先後發生過兩次意外。

1954-1957 年為蘇聯空軍專家理療。一次，為一位
上校空軍專家做短波電療，給他胸部安放電極時，他仰
臥牀上突然起牀用雙手將我扭抱強制要與我接吻，好在
我力大將他推開壓回牀上，即找翻譯和張紅軍醫來與他
說話。他道歉後，我仍堅持正常地為他做理療。張紅軍
醫解釋說，蘇聯人不懂中國禮節，他喜歡你就想吻你了。

　　另一次為軍區司令員保健工作，為他每年多階段做家庭保健推拿工作（出診治療頸肩腰腿痛）時，一次夜裏，他突然下牀雙手緊握我手臂而下跪，向我動情求愛，我為了保護他的聲譽，順勢拉他起身，低聲正言勸他切勿非禮，否則我會大聲喊叫房外戰士、秘書、家人，和他的保健醫生進來，我對他說："我有心愛的丈夫和兒女，不會做破壞兩個家庭的傻事的。"我沉靜地勸告他，他冷靜後說"對不起！"我希望他繼續好好接受保健治療，他回到牀上，我亦完成治療任務。次日我向傅副院長匯報了這事件，傅副院長經與相關人員研究後，找我談話，問我是否需換人去為他治療？我說由組織考慮決定。他再問我是否仍願意為首長診治？因事後我已將事情經過告訴魏征和首長夫人（她是八一中學校長，也是我的病人，她向我表示歉意），我表態："我相信首長能接受教訓，他家人亦已諒解他。為他治療是醫生的義務，若組織上決定我繼續為他診治，我會一如既往完成任務的。"此後我仍按保健辦的需要，繼續完成推拿治脊的出診保健任務，包括那首長的治療。

　　1961 年軍委擴大會議在廣州召開期間，院領導派我去為大會做推拿保健工作，會議期間，先為某首長夫婦診治，療效好就傳開了，某空軍司令員亦要求我為他治療，他患視力模糊和頭痛。保健醫生要我為他診治，經檢診、觸診結合症狀定位診斷，我分析是由於飛行時揮鞭性損傷致頸椎損害到頸上交感神經節引發的，選用正骨推拿調治頸椎病。一次治療，他的頭痛和眼病均明顯改善，證明正骨推拿療法的療效好。第四天，傅副院長找我談話，説首長很滿意，要求我在會期還有三天的時間為他帶教一人，傳授這些方法，以便能跟隨他出差治療。我很擔心，這麼短的三天，能否培養成功呢？萬一技術未掌握好發生差錯，我的責任太重了。醫務部最後讓我帶教陳士富，原骨科護士，1958年派去東北學水療，後調到理療科任技術員，尚未學過推拿。由於只有短短的三天，我只好採用"一人一病一法"的速成教學法，就對他説："首長患的是頸椎病損及頸上交感神經，導致眼肌疲弱而不適，屬交感型頸椎病的推拿手法很多，初學本應由基礎開始，但因只有三天時間，你未學過，只好按首長患的頸椎病具體治療教你了。"我要他先看我整個治療過程，邊做邊講每個手法的作用和要點，第二天在科裏就手把手的教他推拿手法。由此開始，陳士富經過為首長保健，隨首長出差的機會，觀摩了國內各種流派的手法，成為一位保健綜合手法的技術人員。

　　八十年代初，院領導派我出差保健四個月。在廣州白雲山下的南湖旁，我先後為某元帥、另一位王首長和他夫人做推拿保健。那元帥88歲時，仍希望我能去北京為他推拿保健，不巧適逢我剛做完結腸切除術，院領導改派陳士富出差北京為他治療。不料一年後，元帥就病逝了，我失去最後一次見首長的機會，為此深感遺憾。當我知道元帥遺願回穗安息後，我就專程到紅花崗烈士陵園拜奠他。久久蕭立在他墓前，回憶我童年聽父母講廣州起義前後，他們與元帥來往，為革命籌款的故事。

在最後一療程為王首長治療期間，一天，王校長（王夫人）告訴我，抗癌氣功大師郭林老師今天會來探望他們（首長曾跟郭老師學功），叫我去陪她一起吃晚飯。我婉謝王夫人的熱情邀請，但答應晚飯後會去看望郭老師。我如約去到王校長住處，我恭敬地向郭林老師深鞠一躬，郭老師已記不起我了。我笑着向她報告，我是十年前在北京地壇公園，參加她抗癌氣功班，多次"違規"被她批評的"學員"龍潔雲啊！那是八十年代初期，我在北京出差為某首長治療期間，本來是每天上午去301醫院給那首長做治療的，為了要早上去學抗癌氣功，以便回院後開展教練癌症術後病人抗癌氣功。經首長同意改為下午去治療。

當年郭林老師拒絕收教我為學生，我只好請醫務部寫了一份結腸癌病歷，去地壇公園參練新氣功。這次我向郭老師解釋清楚，當年我因便血曾高度可疑結腸癌，後經剖腹探查，確診結腸畸形、扭轉、黏連壞死，做了28厘米畸形結腸切除術。未探查前，去學習氣功時是戴着高度可疑"結腸癌"帽子，應不算欺騙老師啦！王夫人和郭老師都笑了，老師原諒我了，又嚴肅地說，你違反了我不教學生之規，我還未考試評分你就教功，練差了會害人的。我立即請求她現在就在王夫人家考我吧。郭老師和王夫人又笑了，她先後考我三個抗癌功法，都認為滿意了，才皆大歡喜。王首長這時講話了："你們師徒為我治療，原來龍醫生治腰痛還有助治癌哩！症狀改善比吃藥更快，治脊療法加抗癌氣功療效真好喔！"

八十年代末，院派我和魏征出差青島市保健，為總後勤部部長在青島療養院診治糖尿病。按脊因診治後即有明顯改善，部長認為這項技術療效很好，要我們與他同回北京，我們被安排住總後招待所，總後衛生部組織五個門診部開辦一期培訓班，魏征和我講授治脊療法，各門診部派醫生技師下午學習，首長是晚上治療，其間亦為總後一些首長診治各種脊椎相關性疾病。這一來，從青島轉北京足足長達四個月才回穗。

第四章　創立"脊椎病因學"

一、中西醫結合脊椎病因治療學研究概況

　　在中西醫結合脊椎病因治療學的一些研究重點：

1. 研究破解了一個醫學"難題"："頸椎病的臨牀表現與 X 線片顯示往往不一致"，研究中發現脊椎病大多由"椎關節錯位"引起。

2. 找到了一把"鑰匙"：治療"椎關節錯位"的"關節復位方法"（即脊柱的"筋出槽"、"骨錯縫"的診治防方法）。

3. 分清了一個"主次"問題：原本是以退變增生為主，脊椎不穩為次。現在則以椎間失穩／錯位為主，退變增生為次。

4. 研究脊椎病及其相關性疾病的各個"分題"如下：

　　重點：

　　4-1　椎關節錯位的機理：急性外傷，筋骨同傷；慢性勞損，先傷筋後及骨。

　　4-2　椎關節錯位引發創傷性關節炎的診治法。

　　4-3　退變與錯位的關係（按：退變遇誘因）超常動作

還納不完善時即成錯位，反之，青少年因傷錯位的椎間可提早或加速退變（非生理性退變）。

4-4 明確椎間盤突出與錯位的關係：患椎間盤突出的脊椎或鄰近的椎間，90% 以上有椎關節錯位，調正錯位後加牽引療效甚佳。

4-5 脊髓型頸椎病，只要尚未有截癱體徵（脊髓受損）者，均可用牽引下正骨法治療，既安全又有效。

4-6 小兒腦癱、缺血性中風和出血性中風患者，急性期過後（顱腦 CT 排除手法禁忌症者），改善顱腦供血的診治法研究。（按：以上的研究總結已寫成書出版。）

4-7 1970 至 2010 年癌症的脊椎病因臨牀研究（啟示 —— 假設 —— 臨牀晚期癌痛診治 —— 2009 年立題研究，博士生課題，2012 年開始癌症的脊椎病因動物造模）。

4-8 2012 年癌症的脊椎病因動物實驗研究，經上級審批後立題動物實驗研究。我們的研究所與中國農業大學動物醫學院臨牀醫學系的金藝鵬教授合作，正式成為國內的合研課題。

5. 改進了脊椎病與脊椎病因所致的病症診治防的方法（詳見《脊椎病因治療學》紀念版）。

6. 為現代醫學寶庫補充了一項 "病因學"，為臨牀上病因不明或冠以 "原發性"、"神經性"、"功能性"、"先天性" 和 "心因性" 等疑難疾病，開拓了一條新的病因研究和診治防途徑。

7. 澄清了 "整脊" 與 "治脊" 之同異點：整脊術是純西醫醫學的指導，以骨科理論為指導整復脊椎骨關節。治脊是在中西醫理論綜合指導下，既直接調正 "骨錯縫"（椎關節錯位）和 "筋出槽"，又重視人的整體結構與功能、臟腑功能和軟組織健康狀況對脊椎病的影響，兼治其 "失穩" 的 "基礎病因"，從而使患者的脊椎病和脊椎相關性疾病均統籌兼治（例如對因體弱致椎間失穩者，中醫內外兼治法，加用中藥辨證施治，以調理臟腑功能及體能，促使椎間失穩更快康復）。這種方法不但短期療效好，對長期療效更能明顯提高。治脊療法中的主治法包括：無關節錯位者選牽引療法，有關節錯位者以正骨推拿手法為主，而正骨術只佔手法的 10%–20%，軟組織手法約佔 80% 以上。以治脊療法的組合可見，按各醫生的設備不同，輔治法可選其各診所設備中的一至三項理療，包括中醫的捏脊、針灸、拔罐、拉筋、郭林防癌新氣功等外治法，體虛失穩或急性炎症期的重、難病者，可加用中西藥物治療或選用脫水療法。

8. 2012 年啟動了癌症脊椎病因研究的動物實驗。

二、臨牀研究從零開始

(一) 從中西醫結合研究起步

1956－1959 年，醫院領導為響應中央號召，走中西醫結合道路，創建新中國的先進醫學，於是從骨科選了魏征，理療科選了我，並將醫務處的副主任孫兆元調到中醫針灸室，然後由我們三人組成"西醫學習中醫"小組，參加廣東省衛生廳舉辦的第一屆"西醫學習中醫班"。期間半脫產學習，每星期有三個下午，都到大德路進步里的"廣東省中醫進修學院"上課。1959 年在"廣東省第一屆西醫學習中醫班"畢業後，院領導要求我們選中西醫結合課題做研究。由於中西醫怎樣結合尚無理論指導，我們三人商議後，孫主任決定自選針灸課題。在討論中，我先後提出幾個理療科的疑難病，包括：類風濕性關節炎、慢性腰腿痛、白癜風、紅斑性狼瘡等。這是因為我回憶學醫後期，聽老師講內科學的許多疾病的診斷雖已有標準，但治療尚無良方，只能對症用藥，從而患病後只有長期用藥，不少患者在終生服藥中治標不治本，並且因藥副作用再患上醫源性疾病，甚至因而致命。我深感疑慮並請教老師，多得到以下回答：目前只知此病由植物神經功能紊亂（病因）引起，但植物神經功能為何紊亂，尚未有確實病因。我與魏征商量，他認為最好選一項我們兩人能合研的中西醫結合課題，他最後提出了"中西醫結合診治頸椎病"這個課題。老魏說骨科對頸椎病多主張手術治療，但遠期療效不理想，如果採用中西醫結合診治頸椎病，能提高長期療效就很好了。

經請示院領導同意後，兩科亦同意納入科室研究計劃中。魏征從骨科接診頸椎病人，按病情需要，分選手術／非手術者，非手術者送給我治療，而需手術者，則由他們選用多種術式治療對比，力爭在中西醫結合上提高診治療效。當年因為科研在國內屬啟蒙時期，尚無查新之法，而大家對中西醫如何結合都沒有經驗，我只好多請教中醫骨傷科何竹林老師、內科鄧鐵濤老師，和針灸老師司徒齡，最可惜是教《黃帝內經》的老師，名字忘了。他的古文水平很高，年輕博學，卻因面部急性化膿性黃豆大的小病灶，轉為敗血症而英年病故。何竹林老師在省中醫院與老魏既是師生，又是中西醫結合診治四肢骨折的科研合作人，他定期來我院骨科指導醫生用中醫診治骨折脫位等病症，另他又請老魏去省中醫院，帶教該院的骨傷科醫生運用西醫手術和臨牀西醫的診療工作。此期尚屬我和老魏的個人組合，分別在兩科裏與

日常工作相結合。老魏想得對，對於中西醫如何結合誰
都沒有經驗，我們認為只能找到兩個醫療體系的可結合
點，才有可能開拓創新之路。

自從響應中央號召，經半脫產學習"西醫學習中醫
班"後，我就立志走中西醫結合道路；在本職工作中思
考創新，決心要為醫學殿堂添磚加瓦。當年骨科的一個
醫學"難題"："頸椎病的臨牀表現與 X 線片顯示往往不
一致"，正適合骨科和理療科合併的臨牀疑難性疾病。
當我們選定"中西醫結合診治頸椎病"並進入立題研究
後，初期只從西醫傳統診治加用中醫診治方法，方案曾
修改過十多次，短期療效有些微提高，但長期療效則無
明顯改善，我倆因而感到這種研究是無效、失敗的。我
在修訂科研計劃時，便下決心要再次修改研究方案。

1961 年，我生躍子時胎盤滯留，最後引發大出血，
幸好憑個人堅強的意志，吃苦耐勞的習慣，多年的體弱
多病，除短期住院外，均堅持完成正常上班、加班、出
差等任務。住院期間，除手術輸液或主任查房外，都會
回單位完成本職重點工作，尤以科研工作從不間斷。

(二)革新臨牀診治防方法

當時是 1962 年冬，老魏說骨科有三個住院的頸椎病
重症病人，我們決定選他們作為臨牀科研樣本。這三位

病人正符合"頸椎病的臨牀表現與 X 線片顯示不一致"
這一診治難題者。老魏説從這個醫學難點切入，若有可
能在中西醫結合中獲得革新診治方法來解開這個難點，
對今後頸椎病的診治和預防將有重大意義。我們有了共
識後，便分析臨牀上的疑難頸椎病人，發覺有兩大類：
一類是部分老年病人中，頸椎病的症狀輕，但 X 線片顯
示病理變化很重者；另一類是青壯年病人中，頸椎病的
X 線片顯示病理變化很輕，或尚正常無"變異"，但臨牀
症狀卻很重者。

為了研究臨牀表現與 X 線片顯示因何不一致？我們
需要拍攝多體位的頸椎 X 線片。這事現在做是非常簡單
容易，但是當時國內尚未能生產 X 線片，而且又被外國
封鎖外貿，所以只能靠愛國人士私人從香港"偷運"少
量 X 線片到國內。當年我院的骨科醫生接診頸椎病人，
只能以一張"片票"（按：每位醫生每次只發給一張票，
一張票可用四分之一張 X 線片）拍攝頸椎側位片。魏
征為此寫報告請示，獲得上級批准，將當月骨科的"片
票"集中起來給這三個疑難病人，每人拍攝頸椎的正、
側位和雙斜位（因為片數不夠未能拍張口位）。通過這
三位病人作為臨牀研究的檢驗，認識到 X 線片的顯示在
頸椎病診斷上的重要性，確切能彌補醫生在檢觸診未明
的頸椎病病理變化，潛在的退變 / 創傷 / 炎症等診斷

和鑒別問題上的不足。這些 X 線片在問診、觸診之後亦可成為診斷的客觀依據。由此組合而成規範性的診斷方法，簡稱為"三步定位診斷法"。

我還記得其中一位患者是位 70 多歲的老婦，她是我院職工陳開的母親（我們都稱呼她"陳媽媽"），她近一個月白天活動無不適應症狀。而夜裏只能坐在蚊帳內瞌睡過夜，倘臥下雙手就會又痛又麻，服止痛藥和安眠藥仍難安睡，十分痛苦。她的頸椎病診斷沒有疑問，當年的診斷標準的重要依據是椎間盤退化變性、骨質增生和韌帶鈣化，而她的 X 線片顯示 C4 / 5、5 / 6、6 / 7 椎間盤退化而變窄，並有明顯的骨質增生，完全符合頸椎病的診斷標準。可是，我們採用了臥牀牽引十多天仍無效，在討論後，我們設計了新的研究診治方案。因她平臥手麻痛會加劇全身緊張，故牽引改用坐式，牽引前或後，由我做頸背和肩臂部推拿，三天後症狀得到改善。陳媽媽說推拿後再牽引，手就不麻痛了，治療十次後，不服藥也可睡覺，之後就出院了。

第二位患者是廣州警備區司令員，年齡約 40 歲，由左側漸漸發展為雙側肩臂疼痛三個多月，臨牀診斷是雙側肩周炎，住院一個多月經藥物及肩關節理療和針灸治療均無明顯改善，每夜只能在蚊帳裏盤腿坐或半臥位稍瞌睡幾次。老魏看他肩關節 X 線片正常，但頸部及雙肩的活動都明顯受限，疑似頸椎問題，遂補拍頸椎側位 X 線片，報告"頸椎無異常"，故將他納入科研對象。我們共同分析，認為臨牀症狀這樣重，"頸椎無異常"可能有誤差，我們就為司令員補拍雙斜位和正位片，結果在雙斜位片中看到，左斜片 C4 / 5 / 6 和右斜片 6 / 7 的椎間孔均狹小和變形，再仔細觀看側位片時，才發現 C5 / 6 和 6 / 7 的椎體後緣連線，與正常者有輕微不同，這輕微變化難道會傷及神經嗎？我們再仔細觀看正位片，才發現 5 和 6 頸椎的棘突，都偏移離開棘突垂直的連線，5 偏左而 6 偏右（按：斜位片上的椎間孔狹小變形，是由於 5、6 頸椎扭傷造成的）。老魏詢問患者在肩痛發生前，有否頸扭傷的歷史，司令才想起半年前出差遇過車禍，撞車時他正在後座與右側的同志談話，頭曾撞在車後板上，但事後沒明顯不適，一個多月後才開始覺得左肩活動時有些不適感，醫生檢查"未發現異常"，說可能是睡"落枕"了。而當年一般頸肩痛，均常以"落枕"先用止痛藥治療。約半個月後，症狀發展為雙肩疼痛，且疼痛和活動障礙越來越重，作"風濕"治療亦無效後才入院。我們研究分析，既然藥物治療無效，可排除"風濕"；從落枕來分析，是否與扭屈頸肩部的姿勢有關呢？會否因為青壯年人的頸椎尚未有退變而誤診？會否引發頸椎外傷性關節炎？為解答以上問題，我們決定在正側位外，加拍斜位片，以排除骨折脫位，或可能查出"頸椎創傷性關節炎"。結果他的斜位片顯示椎間孔明顯變形變窄，才發現上述變化，但側位片上除頸軸變直外，並無明顯椎間盤退變和骨質增生的顯示。我們決定用牽引後加推拿和理療的綜合治療，並由我負責推拿。

改變治療方案後，效果顯著，三次治療已見好轉，他適應了牽引後，將牽引力由 12 公斤，逐日加 2 公斤到 18 公斤。治療後他感到頸肩即時輕鬆許多，當夜已能臥下睡覺了。治療十次後疼痛明顯減輕，但雙肩活動仍明顯受限，雙手只能觸及腰骶部，前上舉尚未摸及頭頂。到結束 20 次療程時，疼痛已基本消除，左手已能觸及背部，而右手可摸到上腰部。司令出院後休息了一週，並改為門診每週來理療科治療兩次，前後三個月共治療 40 多次，雙肩關節活動功能恢復正常。此後派了一位毛同志來學習，培訓為治脊療法的技術人才。毛同志由戰士提幹當技師，在廣州警備區此崗位上，工作到退休後仍返聘至今。

第三位是軍區處長，男，35 歲，他在一次長途拉練急行軍時，夜睡於大樹旁，醒來左上肢麻痛不適，但仍堅持拉練行軍到結束。後來病情逐漸加重，約半個月後開始感到左手中指至肘部呈燒灼性劇痛，需將左上肢高舉，手扶在頭頸部使劇痛稍減輕，門診即要他入院治療。入院初步診斷為頸椎病，但頸椎拍 X 線片，報告除頸軸變直外無異常。骨科請神經科會診並送到我科理療，神經科會診為正中神經炎，建議輸液藥物治療，一週治療未見明顯療效。因頸部檢查活動受限並於 4、5 頸椎旁有明顯壓痛，故骨科決定將他亦納入頸椎病研究病例中，補拍頸椎斜位片，顯示椎間孔只有左側 C4 / 5 椎間孔成 "葫蘆形" 變得很窄。老魏在與骨科討論後，決定仍讓我按 "方案"（即推拿後牽引和理療；後頸部微波電療）試行治療。初期患者因頸肩臂劇痛難以接受手法推拿，魏征與科裏研究小組討論後，決定先用脱水療法，治療兩天後觸痛有所減輕，才開始推拿加牽引理療的綜合治療。第一次推拿治療時仍很痛，但夜晚服止痛藥後已能安睡一會，五次治療後燒灼性劇痛有較明顯改善，不需再將手上舉扶在頭頸部了。推拿中可觸到 4、5 頸椎旁的骨隆突，有明顯壓痛，魏征認為是創傷性關節炎，故理療改用紅光後加用超聲波治療，三次治療後關節腫痛減輕，卻發現他 4、5 頸椎左側隆突的骨仍突起，推拿撫平後次日又再突起。我跟老魏説："好奇怪！這粒骨怎麼會推平後又突出來呢？"老魏次日檢查後認為這突起的是關節突，頸椎無骨折，可能是椎間關節 "異常移動" 的表現，也可能另有原因。

為弄清這個頸椎鬆動問題，老魏問處長每天治完後的情況如何？他説疼痛好多了，但多在半夜 2－3 點鐘又痛醒，必需起牀走走，舉手在頭頸部痛楚才漸減輕。老魏再問他喜仰睡或側睡，他説總是趴着睡。接着老魏再問他在野外拉練時是否也是趴着睡的呢？處長答是趴在大樹根上睡着了，醒來覺得頸僵硬轉頭時會痛。老魏解釋説，他的頸椎病是由不良睡姿引起的，若不改變睡姿，"非手術療法" 就難以取得療效，只能改做椎體融合手術了。處長知道椎體融合手術後活動將會受限，就答應決心改善睡姿。我們之後加大牽引力至 18 公斤，並在牽引同時用推拿手法糾正變形的隆突部，這是我首次嘗試將牽引與推拿相結合，老魏建議我定名為 "牽引下正骨法"。為治失穩，隔次再加水針治療，20 次後治癒出院。對處長頸部推拿治療中，我們討論過頸椎關節突會偏移隆起的原因。經多次討論，老魏根據骨科頸椎創傷診斷標準的椎間損傷序列中只有 "脱位" 和 "半脱位"，再與我們從中醫骨傷科診治中，學習到 "筋出槽"、"骨錯縫" 的病因病機提示分析，才研究出頸椎扭挫傷會導致 "筋出槽"、"骨錯縫"。老魏指出，為了將這類未達到 "脱位" 和 "半脱位" 標準的骨錯縫，並且臨牀症狀已明顯者，納入骨科頸椎病診斷標準的椎間損傷序列中，他就取中醫骨錯縫的 "錯" 字，與西醫半脱位的 "位" 字，組成 "錯位" 這個新名詞。我們由此將骨科臨牀上，此前多被診斷為"關節功能紊亂"而臨牀難於自癒的病者，診斷為頸椎關節錯位所引致的"頸椎病"（或稱"頸椎綜合征"或"頸神經根綜合征"）。

這次研究破解了"頸椎病的臨牀表現與 X 線片顯示往往不一致"的難題，革新了頸椎病的診斷標準，將標準中的發病年齡刪除，說明嬰幼兒由產傷亦會引發頸椎錯位，青少年可因肢體創傷而引發頸椎病。少、青、壯年病人頸椎病的 X 線片顯示病理變化是：脊椎尚無退變或退變很輕，尚無骨質增生或很輕微，故 X 線片報告多為"尚正常"或"無變異"，而臨牀症狀卻很重；反之，老年人頸椎退變嚴重，雖退變使椎間距離縮短，但若椎間關節無"錯位"，椎間孔由橢圓形退變成圓形，神經根也不會受到損傷，故不會患頸椎病。若椎間關節失穩隨體位改變而滑移達到"錯位"，達到神經／血管受損時，即會發展成頸椎病。這兩種病情，正好符合"頸椎病的臨牀表現與 X 線片顯示往往不一致"者。

三、總結頸椎病發病／復發主要病因

在中西醫結合診治頸椎病的研究中，我們發現了頸椎的椎體間及關節滑移、錯位，是頸椎病發病／復發的主要病因。歷經反覆檢驗後確信無疑，才將退變增生改為次要病因。研究這一難題時，也找到了改進的重點，在於創出放射診斷與臨牀診斷的新標準，繼而重點研究了頸椎病的發病機理，分清基礎病因和誘發因素，並在現行的臨牀分型外，創立了病因分型和上節提及的"三步定位診斷法"。

四、治療椎關節錯位的療法研究

在創新的"頸椎病的病因分型"、"椎關節錯位分型"和"三步定位診斷法"的理論指引下，治療重點亦需革新，從而研究出一套具"穩"、"準"、"輕"、"巧"，能糾正"頸椎關節各型錯位"的正骨推拿治療手法。這套手法簡稱"四步十法"，即"放鬆手法"、"正骨手法"（十法）、"強壯手法"和"痛區手法"。我的手法被坊間傳言為"神奇"，但其實方法很淺顯，我用的研究指導理論是"體位復位法"和脊柱的"生理運動復位（調理）法"，只要對脊柱生物力學有所認識，對解剖學細心鑽研者，很易掌握。因為椎間關節錯位小於"半脫位"，我認為"殺雞焉用牛刀"。我在國內外參加的學術交流，並在日常接診時患者的訴苦中，都聽到粗暴手法傷人的問題，強制性的"復位法"，常會使醫生變成"傷人者"。

正骨推拿治療手法中的"體位復位法"，就是每次做正骨推拿時，病人取的坐、臥、立姿勢，均需選擇有利其復位的姿勢。例如，C7－T2 的旋轉式錯位者，常規的坐／臥位均難達到完善的調正，經研究後改用牀頭軟枕俯臥位，讓患者將頭頸懸吊於牀外（按：軟枕三分之一在牀緣外部，將其 C7－T2 置在牀緣邊懸吊前屈位置，使患者頭部懸吊牀外，頭部重力將有助錯位椎間加大牽引力，施術者雙掌抱住患者後頸，雙掌按於枕骨旁兩顳部，將其頭頸作反吊牽引，略加力按 2－3 下，使患者椎間距離拉開些（約 1 毫米）），繼而按需要選復位頸姿勢和正骨手法：施行常規的頸椎搖正、側扳、推正等正骨手法。

對於骨盆旋移症，多個流派都用重手法調正骶髂關節錯位。為了提高療效，應除去骶／髂骨受牀的阻力，這與骶髂關節的結構有關。我改以側臥牽抖法復位療效較好，又不致引發患者損傷頸胸椎關節。

"生理運動復位法"，是為避免粗暴手法而設計的，設計重點是要求準確無誤地選出病椎這個 "定點"，再根據正骨需要選其上方或下方作為 "動點"，最後根據關節錯位類型選用脊柱被動運動手法 —— 搖正、推正或搬正。幾十年來，我先後治理過六例重症頸／胸椎病人，其中有三位是因醫生手法粗暴使頸椎病加重的手法致傷者。

第一位女病人是某醫學院中醫系學生，在本學院聽外院專家的學術報告時，自告奮勇上台當病人，演講者的助手以她作示教，演示頸椎重點手法，由於只憑觸診

時發現她 C5 棘突偏歪，就示以定點旋轉手法（按：忽略
這種體表觸診的骨性變異，有屬生理性的可能，即未生
病的正常人，其頸椎棘突發育變異）。在演示手法時，
她當場因疼痛而大叫，演講者立即解釋説是助手轉錯方
向了，即親自予以反方向矯正手法，最後她因劇痛而
大哭，即時送入醫院骨科，住院治療三個月仍無明顯改
善。出院後自己來我科門診求醫，經排除禁忌症後，我
用牽引下正骨法糾正 C5 / 6 旋轉式錯位，加微波治療共
20 次，症狀便告消失。她畢業回江西前來跟我辭別，感
慨激動流淚説自己女兒才三歲多，深恐因此而多後患。
我教她堅持練頸椎保健功，在保持書信聯繫的一年多
裏，康復情況良好。

　　第二位女病人翟某，是廣州鐵路工人老王的妻子，
患右側頭頸肩臂劇痛近四年，先後曾診斷過：右側三叉
神經痛、臂叢神經炎、頸肩綜合征等，因病情漸加重，
醫治無效，後被診斷為癔病性右上肢癱。來我科針灸室
門診治療時，朱利光醫生找我談，曾幾次見她右手能活
動，不像癔病性右上肢癱，懷疑病人被誤診了，叫我替
她看看。經科裏安排的一次會診，我問病人的右斜頸怎
樣起病，病人哭訴説，四年前她患左側乳突"膽質瘤"，
住某院五官科，手術時在手術區消毒後，聽醫生生氣説
"要用的東西怎麼還未消毒好！"於是等了很久才開刀，

老王接着説，她手術後麻醉醒來就再也抬不起頭，右側頭頸肩臂劇痛近四年，醫生説她心理有問題。

我為了弄清她 C1 側旋為主的枕環／環樞關節混合式錯位的起因（請神經科會診，排除神經幹創傷），又請教我院五官科蔡主任。原來左側乳突“膽質瘤”手術時，為暴露手術區，需要右側臥位，頸部墊沙袋讓頭右側屈位。經我們分析，手術長達七個多小時（包括等候器械消毒延長強迫體位時間），病患麻醉後當時曾瞌睡過，估計在特定體位中瞌睡時將枕環和環樞關節側屈過度，頭部懸空的自體重力致枕環關節側向半脱位（按 X 線片顯示）。我採用放鬆手法舒緩了痙攣的兩側頸背痙攣肌肉後，先用手術時的反向體位（用左側臥位）作手法側頭搖正和加強鬆解斜角肌等主要痙攣肌肉，後以仰臥位做常規正骨推拿手法，再用牽引下正骨法作全頸軸的低頭搖正法、側向搬按法及推正法。經半年內共三個療程治療，病人的病治好了。她全家成了我家的好朋友，老王為我多次帶東西給在上海讀第二軍醫大學的誠兒，我的孩子們均稱呼老王為王叔叔。

第三位是蕭某，她夫妻兩人都是駐桂林部隊的幹部，蕭是軍醫，患頸椎病在某醫院用手法治療，已有顯著療效，她説已好了 95%。但最後一次治療時，她與主任醫師説：“為了這最後一次治療能打上 100 分，請主任用再大一點的力吧！"主任也很高興，結果一轉頸"咔嗒"一聲，不是好了，而是倒下了，即時用擔架乘軍用飛機送廣州急診住入我院骨科。我接通知去骨科會診，病人在牀上坐臥不寧，坐不到十分鐘要臥下，臥不到十分鐘又要坐起來。等頸椎 X 線片閱片後，排除骨折，報告枕環關節半脫位，骨科本擬臥位行頭顱牽引，但因坐臥不寧無法進行頭顱牽引，只有給予脫水療法和對症治療。我在病房給她用手法治療，因她心有餘悸，全身緊張到顫抖，經護士長勸說和我的解釋，告知我的手法很輕柔，仍不能令她釋疑，於是我請她在低枕體位作仰臥位，我坐在她牀頭旁，分別用兩手作前後抱頭（一手掌托枕骨和頸部，另一手掌托下頜部）輕力平牽，手中感到她頸肌的緊張度，由僵硬緩慢舒緩時，微量漸加力，定時交換我前後的左右手。約持續一個多小時後，頸肌緊張度已減輕許多，我遂改用極緩慢的小角度微調轉頸法（仍保持牽引力）。我這麼輕的每次增力一次，她的肌緊張度立即又會增強，這時老魏建議再待他用脫水和消炎藥治 2－3 天後，才開始手法治療。蕭聽後即急忙說拉頸有效，她那心煩意亂的"瀕死感"已有所減輕（按：此後有幾位類似病例均以手法牽引而獲得改善，經神經內科姚榮尹主任會診答疑，環椎的損傷干擾腦幹的血液供應狀況，延腦及小腦缺血時，生命中樞受損會引發"瀕死感"。），要求不要停止手法治療。我連續為她調治 5 次後，她已可平靜地接受臥位頭頸領帶牽引了。改善後，她可自行到理療科由我給她做頸椎病治療。蕭住院治療近三個月後痊癒出院，此後約半年來住院覆查時，到我科作保養性治療一療程（10 次）。

還有些曾誤診誤治的病人，本可及時將頸傷治癒而不致偏癱或截癱。例如，許某是哈爾濱市道里區商業職工醫院的內科主治醫師，因助民勞動中，駕駛馬車翻在路旁水溝裏頸部受輕傷，主訴是受傷後頸部疼痛。她請了一位骨傷科醫師治療，但可能醫師手法太重，越治越痛，還出現左側肢體輕癱（後來我認為是診斷問題，因 C5 椎體輕度骨裂漏診了）。經親戚介紹及單位批准，她來廣州找我治療。經三步定位診斷後，我排除脫位，老魏診斷為 4-6 頸椎滑脫並旋轉式錯位（未達半脫位標準），因 C5 疑似輕度陳舊性骨裂（已癒），壓痛明顯，故局部加作封閉注射治療。之後每天由我給她作正骨推拿手法和紅光照射，前 5 天用常規法（手力牽引加功能性活動 —— 生理運動調正法），以後改以牽引下正骨法為主，配合電腦中頻和針灸治療左側偏癱肢體。治療有改善時，適逢預告廣州會發生地震而中止治療，過後即來覆診至康復。

五、頸椎病發病年齡研究

1962 年開始，我診治的頸椎病開始取得較好的療效，當年醫治仍按骨科現行頸椎病的診斷標準，故發病年齡劃入老年性疾病中。而臨牀上發現有較多嬰幼兒和少年兒童，年齡最小的有未滿月的嬰幼兒，尤其出現產傷帶來的傷情（例如新生兒斜頸）或多種小兒常見病症，包括嬰幼兒腹瀉、消化不良、發育遲緩、小兒哮喘、局部性癲癇、夜啼郎、假近視、兒童頭昏症、脊柱側彎症，和體質虛弱易感冒等。我查體後發現與外傷和脊柱側彎有關，只要調理好脊柱狀況，療效均較顯著。這使我認識到青少年多因外傷而致體弱多病，尤其當少年兒童的急性外傷導致椎間盤突出症、脊柱側彎等的高發病率使我感到不安。

我深感頸椎病的年齡診斷標準不對，希望能多宣傳，讓更多人認識青少年外傷能引發脊椎病的問題，才有可能改革現行的頸椎病診斷標準。例如我院兒科收治一位右上肢癱的兩歲半男孩，入院診斷為小兒麻痺症，來針灸室治療，朱利光醫生為他扎針，見到他害怕扎針就縮手，懷疑他非癱瘓，便帶他找我檢查。我問他發病經過，他媽媽說是高燒抽搐救治醒來右上肢癱瘓，但睡眠中右手仍會活動。我考慮兒童高燒抽搐時是否會損傷頸椎？就從他後側觸診頸椎，右中指剛觸及感到他

C3 / 4 右側隆突，因他反抗檢查難以確定。我與兒科聯繫後建議拍正側位 X 線片，他也抗拒檢查，我便建議兒科醫生給他服冬眠靈，入睡後才拍片，拍完片趁他尚未醒來我為他治療。X 線片顯示是 C3 / 4 右側椎間關節旋轉式錯位，經一次體位性輕手法牽引，即調正了 C3 / 4 復平後，醒來時右上肢活動就自如了。這驗證了小兒外傷（此兒因高燒抽搐致傷）能引致脊椎錯位。

這兒並非患小兒麻痹症，實為高燒抽搐致頸傷，引發頸椎病的問題，頸神經的運動根在椎間孔內口處受鈎椎關節錯位致損害，臂叢神經痛和運動障礙，其右上肢處於疼痛的保護性制動狀態，可能是因小兒未能語言表達而誤診誤治。當年我寫論文〈中西醫結合診治頸椎病 18 例報告〉，把它寄北京國家級期刊，專家審稿後退回，要求我刪除文中典型病例中這例小兒典型病例，我一而再的申訴其病情屬實，而答覆竟是小兒不會患頸神經綜合征！我的論文遭先後三次退稿。我與魏征商量後，改投省級期刊《廣東醫學》，時為 1965 年，離第一次投稿已兩年了。

需注意，小於 12 歲的小兒頸椎調治手法，是以體位復位法的糾偏體位牽引為主，不需作關節正骨手法；青少年的椎骨小，椎間盤較大，故體位性牽引多能復正（利用三長五短的椎間連接維穩結構作用）。為避免手法傷及兒童脊椎的骨垢，忌用成人正骨手法，尤其重手法的閃動力和脊椎直接衝壓法。

六、從頸椎病轉入脊椎相關性疾病的臨牀研究

以上提到，在頸椎病的研究中，我們總結出椎間盤變性"膨出"（縱向）與關節"錯位"（橫向）的相關性，才是頸椎病發病／復發的主要病因，將退變增生、韌帶鈣化，改為次要病因。在這一難題中，我們也革新出放射診斷與臨牀診斷的新標準，並逐漸被公認。頸椎病研究的小結中，除按診斷新標準而革新治療方法外，還發現由"頸椎病因"可引發內科的室上性心動過速、甲亢或甲低、原發性高血壓等疾病和眼、耳鼻喉科等 20 多種臨牀疑難病症。故我們於 1969－1972 年修改課題時，把研究改名為"中西醫結合診治脊椎病與脊椎相關性疾病的臨牀研究"。

將科研成果的新認識和新技術為人民、為士兵服務，驗證獲得良好效果。1968 年我院在"知識份子接受貧下中農再教育"期間，我參加廣寧縣的"農村醫療隊"，廣寧縣的農村很貧困，與我在英德時差不多，我們與貧下中農"三同"（即同吃、同住、同勞動），白天同勞動，晚上要分小組做巡迴醫療工作。醫療隊只從醫院帶了一些急救藥物，一般病人都只能用針灸、推拿和

上山採的中草藥。我因會講客家話，便於與羣眾談心，隊裏要我多深入羣眾和參加"赤腳醫生針灸培訓工作"。我在巡診中發現一名男青年已多日不開工，蹲在家門口曬太陽，我匯報後才知他是二隊送醫藥的一名胃病者，我與二隊同志聯繫後，再與他鄰居了解，知道他是一名父母早逝的孤兒，因患胃潰瘍曾到廣州多家醫院診治，時好時壞，常因胃痛無法開工，因為開工太少，家窮娶不到妻，故孤身過日子，性格越來越孤僻。隊長派我去看望他，頭兩次他不愛回答，只承認胃病太痛苦，我說為他做胃部按摩，他說已把我們辛苦採來的草藥都丟了，認為大醫院都治不好的病，針灸草藥不會有效，故不想麻煩我們。我一而再地勸他，第三次他同意試試，就進屋睡下。我為他按摩完腹部，讓他俯臥準備為他做"捏脊療法"時，發現他胸椎變形錯位明顯，5-7胸椎旁壓痛明顯，我問他甚麼時候曾跌傷背部，他奇怪我怎麼知道他跌傷呢？我說他的胃痛是由跌傷引起的，但他說廣州幾間大醫院都沒說過。我告訴他如同意我治他脊骨，他胃痛會好得快些，他同意試試。我隔日下午巡診為他治胸椎和胃痛區，他的苦口苦臉隨着胃部"穿心痛"的緩減而開始有了笑容，隨後堅持在大樹杈上懸吊蹬腿。當醫療隊要撤出回院前一天，村裏幾位大嬸找到隊長提意見，說培訓的赤腳醫生學會了針灸，但就未教他們"捏脊療法",她們說"捏脊療法"能治療小兒腹瀉,對青少年開胃消滯和老人胃痛都有效,要求我即晚培訓他們,隊長同意讓我用兩個晚上來培訓。

1969 年,我參加"部隊醫療隊",去台山生產兵團駐地開展羣防羣治工作,面向部隊青年戰士們的問題,我發現不少戰士由於不懂頸椎病的防治知識,不重視將"戰備包"調適好當"枕頭";加上新兵訓練、勞務任務重等因素,頸椎病成了牛青戰士們的多發病,因而引發頭昏、頭痛、失眠、頸肩臂痛、胸悶憋氣、心悸心慌、噁心嘔吐、慢性呃逆等,並常因這些病服藥效差而提前退役復員。張德新副主任舉辦了一次衛生課,他講腰腿痛,我則講頸椎病,我們教導戰士們預防頸肩腰腿痛,很受部隊官兵歡迎。

七、"臨老學吹笛"

85 歲的我年老體弱了,已不便應邀遠行講學。學生沈彤在成立"龍脊康"診所時,他帶助手搬來送給我一台大螢幕連體電腦,由周偉凌醫生教我上網。學會上網,便能為國內外脊椎病患者答疑,也能輔導學員解除臨牀遇到的疑難,也可把遠方求醫者介紹到廣州或國內某地有開展治脊療法的醫院康復理療科就診。我網上介紹聯繫電話:1. 流花路廣州軍區總醫院康復科;020－

36653451 寧俊忠副主任。2. 廣州醫學院附一院預約電話：83177190 沈彤主任。3. 廣東省第二中醫院范德輝主任 020-83586790，020-83588030。4. 廣州市市政醫院康復科鍾士元主任，預約電話 020-83818761。5. 廣州中健骨科運動醫學門診部王廷臣主任 020-83847998。6. 廣州市天河區金穗路 42 號龍脊康廣州健維門診部何湧主任，健康熱線 83800383，均設脊椎病診治，並可購買頸椎保健枕。受到網友們的讚揚，夕陽紅似火，再發開荒老牛的餘力喔！呵呵！一樂也！

第五章 探索機理做實驗

一、脊柱解剖學實驗研究

1974－1976 年，課題進入第三階段，為探索正骨手法調正椎間錯位的作用機理，在廣州醫學院解剖實驗室做課題研究時，老師們感慨地告訴我，由於文革中教學改革的負面影響，解剖學課時縮短，故只能教大而表淺的肌羣，和臨牀常用的內容，我研究的內容他們都"久違了"。我問李老師，解剖教的內容太少，當外科的醫生怎夠用呢？他無奈地説，只能需要時再來學吧。黃教授叫我在解剖到脊柱深層小肌時讓他也看看。我解剖出的多裂肌、迴旋肌、頭／頸夾肌、半棘肌和菱形肌，以及骶棘肌的棘肌（內側柱）最長肌（中間柱）和髂肋頸肌（外側柱）、椎骨周圍的韌帶和深筋膜等時，都請指導老師們覆審核校正一次。為了此後教學需要，經解剖教研室同意，讓我收集了一份脊椎骨自備模型，在家晚上由老魏輔導我學習，此後留作教學之用，並成為我的珍藏品，戰友們笑我"隨身袋中藏椎骨，隨手取出做教材"。經我院及老師同意，為今後教學之需，還特意剖製一具不足兩歲的小兒屍解標本（在這小屍體上保留一支完整的坐骨神經標本，和幾塊青年和老年人的頸椎與相關軟組織標本）其中一塊有頸上交感節發出的頸上心支，這支神經較粗，又是支配心跳的加速神經，正適用於我對功能性心動過速的課題研究，故留在我科做教學時應用（按：感謝王正和同志，為我精心保存十多年，完成了我科的歷屆培訓班任務，退休後再交班給廖軍鋒同志，感謝接班同志的珍惜）。

在廣州醫學院解剖實驗室技師們的幫助下，我在新鮮屍體上做頸椎解剖，和伸屈／扭轉頸部，觀察椎間孔中神經根受壓情況，證明在正常結構狀態下的生理運動，椎間孔略變扁而其孔中神經根不會受壓，若將椎周軟組織人工切傷，尤其關節囊手術鬆解後，關節活動度超出正常範圍時，椎間孔變形變窄明顯，椎間孔小於三分之一時，可對神經根有所刺激，椎間孔小於二分之一時，神經根即可受壓。由此可見，軟組織傷是脊椎失穩、發生椎間錯位的重要基礎病因病理，滑脫式錯位是輕度位移，未達 1 度而常被放射診斷否定滑脫，但可加重椎管矢狀徑變窄，使輕度的椎間盤膨出以致引起脊髓型頸椎病，常引發雙手麻痛症狀。我以此研究出牽引下正骨法，從而救治了近千例被放射診斷為脊髓型頸椎病的病人，為其免除了手術。若滑脫併發旋轉式錯位時，既可損及脊髓，或因椎間孔內口的鈎突增生並錯位，使一側神經根受刺激，則只引發一側手麻痛症狀；從而可明確解釋，臨牀上椎關節錯位，會引起放射性神經痛的病因病理，而且錯位類型不同，臨牀症狀各異。

人體結構很科學，有較好的代償功能（空間），老年性脊椎退變，椎間隙隨椎間盤退變而變窄，椎間孔由橢圓形漸變成圓形，即使併發輕度的椎間盤膨出、突出，骨質增生，並不會損及神經血管，這是老年健康者不患脊椎病的因由。若先天性的椎管和椎間孔較狹窄，常在輕傷的情況下即引發脊椎病。由此使我們認識到，脊椎病既有生理性方面的內因，又有意外創傷或疾病損害的外因，青少年的外傷，使脊椎提前退變，中老年人的外傷，會加速脊椎退變的病理進程。年老不患頸椎病是因為椎關節無錯位，其椎間盤退變只是使椎間隙縱徑變窄，若椎關節錯位，其椎間孔由橢圓形變為"葫蘆形"或多角形，神經根在孔內會受骨性刺激或壓迫。關節錯位，使上關節突（和頸椎鈎突）插入孔內，而導致椎間孔變形變窄，損傷神經根而發展成神經根炎。我們從而認識到現行的脊椎病診治防仍屬未完善，或屬存在誤區狀態。

具體對屍體大體解剖的實操，比上解剖學清晰得多，這半年的實操，使我在人體結構上認識解剖學方面

的層次分明，對表皮、真皮、皮下的疏鬆組織均一目
了然。肌肉、筋膜、骨膜的組織結構，與臨牀注射、推
拿、捏脊、針灸、浮針的手感，電療、光療、蠟療、體
療的作用機理，在不同的深度，其各層組織對理療的吸
收，對其病因病理的作用機制都有更深入的理解。從初
始獨自解剖時的緊張，漸練到熟練程度，但半年內刀法
和技巧，尚難達到指導技師要求的水平，故所做的標本
切割面仍較粗糙。通過這項實驗研究，總結出椎骨間因
退變／外傷／不良姿勢，引發中醫稱為“骨錯縫”、“筋
出槽”，西醫稱為脊椎“不穩”、“滑移”的症狀，我與老
魏商議後，稱為“關節錯位”（按：擬將此診斷定名，以
便於納入骨科現行診斷的“脫位”、“半脫位”序列中，
新增一項“錯位”）。“錯位”因現行醫學院尚未編入教材
內，故未經我們脊椎病因學習的醫生仍會漏診，這是目
前臨牀上的頸椎病“難治”，和發病／復發多的主要原
因。由此，我們將“關節錯位”定為發病的主要病因，
而將骨質增生改為次要病因。

二、涉獵流行病學小樣本研究

流行病學（epidemiology）是研究特定人羣中疾病、
健康狀況的分佈及其決定因素，並研究防治疾病及促進
健康的策略和措施的科學。1975 年結束了“中西醫結合

診治頸椎病和頸椎相關性病症"的科研課題後，我為進一步設計下階段課題作準備，老魏建議我在廣州醫學院做解剖學研究。除大體解剖和頸椎關節錯位的解剖研究外，又重點研究了腰骶及胸椎相關的各段椎小關節形態特點和功能，及錯位的模擬解剖，觀察胸椎骨間錯位對交感神經的影響。我觀察到頸胸腰椎椎間錯位，對椎管、椎間孔的橫徑變窄影響達一定程度時，神經根、椎間血管或交感神經，均可受位移的骨刺激、椎間分離的牽張（頸椎橫突向前向後位移時），或椎骨間的孔道 / 椎間隙變窄的壓迫。在此骨性損傷外，我還觀察、分析到，交感神經節、鏈附麗在椎體前側或橫突前側，椎間骨關節錯位時，又可引起肌肉痙攣 / 筋膜緊張，而造成對其間軟組織或神經幹或末梢的刺激。椎關節錯位，椎管和椎間孔的矢狀徑或橫徑變窄達一定程度時（各人代償功能與先天條件有差異），除骨傷損害外，對神經根或交感神經節前纖維，亦受椎間創傷性的水腫 / 血腫而再加重骨性壓迫，引發神經根炎或椎間關節炎，重者併發椎間盤炎，損傷以致膨出、突出甚至脫出。青少年患者常因此觸發該椎間盤提早變性，中老年人已退變的椎間盤，由生理性膨出，加速 / 加重纖維環損傷而變形、突出或脫出，椎骨損傷而使骨質增生再加重，從而使脊柱畸變，從代償發展到失代償，從無症狀而發展成脊椎

病。我也初步研究了脊柱有關軟組織與椎體間的生物力
學的關係。在此前研究總結的這幾項結果基礎上，我決
定涉獵流行病學的研究，以探索如何開展多發病、常見
病的診治防的新途徑，設計出對臨牀上"病因未明"的
多發病，進行流行病學的普查。

　　1978 年，科裏召開科研小組會議，一致同意"普
查胃十二指腸潰瘍的脊椎病因問題"，此課題的預初試
驗，是由醫務部組織成立全院脊椎病與脊椎相關性疾病
科研協作組的魏征任組長。以我科（理療科）的科研小
組與消化內科一位副主任和一位主治醫師組成科研協作
小組，由老魏與陳維漢副主任協商後，由我帶科研小組
作預初試驗普查。我和劉鳳雲等五人小組，利用週六的
下午到消化內科病區，當時同期住院患胃十二指腸潰瘍
者有 20 人，按研究計劃作 5－8 胸椎為主的全脊柱檢查，
觸診證實，全部病例的腹痛部位，均與體表神經定位的
胸椎錯位有關。其中一例，男，43 歲，是軍醫學校的處
長，他胃鏡檢出胃潰瘍已確診為癌變前期（病理標本報
告），決定即日轉普通外科手術治療，我們建議他轉科
後手術前，到理療科接受治脊療法，希望能為他減少復
發機會。他欣喜地接受此建議，由王正和為他術前治脊
5 次，手術後出院前和出院後，完成 20 次康復療程，我
們還教他練郭林抗癌新氣功。處長一直堅持治脊療法和

練功，健康地生活 27 年後才逝世。

　　還有一位男病人歐某，亦因胃鏡檢查結果發現高度可疑癌變，決定作選擇性手術，8 月的廣州天氣太熱（當年尚無空調），建議他秋涼後（10 月）再入院手術。當時我觸診他胸椎變形符合胃病的脊因診斷，知道他駐地就在廣州市內，便預約他出院後即來門診理療，有助他減輕胃痛。他患幽門前胃潰瘍，住消化科三個多月，藥物治療無效，先後三次胃鏡，幽門前潰瘍由綠豆大漸長到花生米大，他每夜都因胃痛要起牀 2-4 次，吃些餅食和服止痛藥，十分痛苦。他 8 月中旬出院後即來我科門診做治脊療法治療，經兩次放鬆手法和搖腿揉背法調正 5-8 胸椎旋轉式錯位，第三次加用牽抖衝壓法為他將 5／6 胸椎滑脫式錯位改善了。第一次治療後，即晚仍痛醒，但翻翻身又可再睡了，他很高興，隔日來治一次，三次後夜間已不需起牀活動了，日間胃痛也不發作，五次後胃痛完全消失。我建議他回消化科覆查，六次勸他覆查胃鏡，至第八次治脊療法後，他再沒有來治療了。10 月中旬的一天，普通外科護士長打電話叫我到她科看一位姓歐的手術後病人，護士長說病人很後悔，未聽我勸告而將胃部切除了，我就猜想可能是歐某了。果不其然，歐某因不願胃鏡覆查又怕癌變，故按原來住院時會診的預約，10 月做了胃次全切除手術，可切下來的胃已無潰瘍，送病理科診斷為"已癒合的潰瘍"。他說後悔未聽我的建議，他胃不痛但怕癌變，且做過三次胃鏡太難受了（當年尚無纖維胃鏡，胃鏡粗且較硬），反正已決定手術，就不願多遭受痛苦，而入院也未告訴外科主治醫生胃部已不痛了。他認為這手術證明了我們的治脊療法的確很有效果，五次胃痛消除，才治八次潰瘍就痊癒了。

為了將這 20 例診治經驗擴大驗證樣本，我通過與鐵路局聯繫，取得同意讓我們為車輛段和機務段的員工做普查，又派廠醫配合我們。繼而是聯繫廣州市針織廠的幹部職工安排普查。科裏決定每週六下午由科研小組，包括我和劉鳳雲帶領小組成員朱利光、宋文欣、王正和、馬永貞等到廠裏。因車間無牀，只有五張普通方凳，受檢者採用端坐姿勢，雙上肢伸直撐扶在近膝部的大腿上，我們各人分別站在他們背後，以雙手指觸診法，查明頸胸椎的軸線和椎關節錯位，作統一簡易記錄，回科後由我將五份記錄登記到總簿內。由於三間工廠均是三班制輪休的，故總共普查人數只有 238 人（總結詳見《脊椎病因治療學》內 240 頁）。由此，我們驗證了"脊椎病因治療學"是符合解剖生理、病理規律的學科。

1990 年 3 月 22 日至 4 月 2 日，第一屆全軍治脊療法學習班首次舉辦。1992 年 5 月 20 日舉辦第二屆學習班，按上級要求，第二屆定性為師資培訓班，由全軍各大單位選一名主治醫師以上幹部參加，培訓時間最長為半年。這批學員在各區均成為推廣應用治脊療法的骨幹人才，但因部隊人員流動較多，十年後只有幾位主任級的人員留在軍內工作。第三屆以後至今第三十八屆均為一週的短訓班，只有極少數學員有機會留下進修。

1996 年成立了廣州軍區總醫院的"脊椎相關疾病研究所"，由魏征任名譽所長，劉鳳雲任所長。組織我們為民航醫院普查老幹部的脊椎病，並與放射科合作研究"正常人 100 例 X 線頸椎照片測量"與"頸椎病人 100 例 X 線頸椎照片測量"的對比研究。其後魏征設計段俊峰的碩士研究課題，驗證了頸胸椎錯位致心律失常及冠狀動脈痙攣缺血。此後由段俊峰帶教碩士研究生和科研小組作研究，還先後組織過老幹部脊椎病與老年病症的相關性等多項研究。

2009 年，我在美國加州受聘為加州中醫學院博士研究生導師，除講授"脊椎病因治療學"外，並帶三個博士生與"美國中醫腫瘤研究所"聯繫，所長麻博士同意我們以"脊椎相關疾病研究所"的名義，與他研究所共同研究，並在每週四下午為該所癌症病人普查其原發癌的相關脊椎病因的病變情況。

第六章 成立脊因研究所

一、確立"脊椎病因治療學"

　　1983 年，上級任命魏征帶教三位在職碩士研究生，這三位學員均是骨科的主治醫師，包括符士發、蘇彬和段俊峰。為了深入脊椎相關疾病的研究，經院領導批准，在理療科成立了"脊椎相關疾病研究所"，由段俊峰研究脊椎病因治療學說。上一章提及，1984–1986 年魏征為段俊峰選碩士研究課題："頸胸椎錯位致心律失常與心臟缺血的實驗研究"，以 36 隻家兔做分組實驗。在段俊峰讀研前期，魏征安排由骨科張德新副主任帶我先做預初試驗，選取手術式和脊椎錯位方法。第一次實驗因未熟悉家兔的棘突易折斷，將克氏針作錯位棘突固定時，實驗兔的棘突與椎板之間突然折斷致大量出血死亡。經三次改進後，獲得第一次預初試驗的成功，為此後段俊峰實驗的順利進行鋪平了道路。

　　老魏決心將這項科研定位在病因學上，以補現行病因學的不足。我們商討，深感現行診斷學中，還有許多病因未明的疾病，從我在日常接診病人，已觀察到凡疾病前冠以"原發性"、"神經性"、"功能性"、"遺傳性"、"精神、心因性"等的疾病多屬病因未明者，大多數可納入脊椎病因的篩查範圍內，可見能納入研究的疾病種類之廣泛和病人之眾多。故我倆一致認為，需有三代人的接力研究才有可能完成使命。為此，院長徐作良非常讚許並大力支持。

一種新的研究成果，停留在臨牀研究是不夠科學的，我們需要獲得動物造模，但由於理療科成員均欠外科技術，所以決定將段俊峰從骨科調到理療科當副主任兼研究所任副所長，成立"脊椎相關疾病研究所"，由魏征任名譽所長，當年的理療科主任劉鳳雲兼任所長。這項實驗研究從 1984－1987 年開展，實驗成功後才將研究成果寫成書，定名為《脊椎病因治療學》。

魏征選帶的碩士研究生段俊峰通過動物實驗研究的碩士論文，被評為優秀論文，並立三等功和獲獎勵。為達到創立新學說的目的，1992 年還借治脊牀的鑒定會，請來全國一流的骨科專家評審。當中特邀請了國家級的北醫三院骨科楊克勤教授任主審導師，還有尚天裕教授（天津）、董福慧教授（北京）、李起鴻教授（重慶）、潘之清教授（山東）、梁質熹教授（廣醫）、苗馨華教授（一軍醫大）、魏鳳岐教授、區厚成主任（廣醫附一院）、古健青主任（廣州市中醫院）、滕錫成主任，和我科當屆主任劉鳳雲等。楊克勤教授是美籍華人，為提高研究生檔次，他建議研究生在讀研期間到美國教授短期參研。當時組織決定先派骨科蘇彬主治醫生去美國，聯繫楊克勤教授推薦的三位骨科教授。不過，蘇彬聯繫後只有一位教授同意收納他做研究生，故老魏修改原計劃，帶段俊峰進行脊椎病因的動物實驗研究。實驗獲得預期的成功，我們徵得幾位評審專家的認同，確立定名為"脊椎病因治療學"。我院亦決議在理療科加強脊椎相關疾病研究所的科研，把段俊峰調到理療科任副主任，到劉鳳雲退休後，段俊峰升為科主任兼研究所所長。

在這項科研中，從假設到立題"脊椎病因治療學"，都是我在推拿治療頸椎綜合征時，發現的疑問中悟出難點並作出假設後，向魏征提問和切磋的。在深入研究的各個階段，均替老魏深思熟慮出謀獻策，並在各階段的分題研究，親力親為參與實踐和驗證。尤以解剖實驗研究，我是脫產半年，獨自在廣州醫學院解剖教研室教授指導下實操實驗完成。凡出名、掛帥的事我均退讓，實幹的事我必參加，或積極與大家共同完成。每次骨科做動物實驗，由初期老魏先後帶的幾位副主任和主治醫生，包括：王有剛、張德新、張惠民、陳達才、符士發、侯之啟、段俊峰等，他們每次做動物實驗前，我都與技師做好手術前的動物準備，而手術中完成動物心電

圖的觀察和記錄，以至手術後與張大姐觀察動物狀況和
記錄；此後定期的覆查，也是我和張德新主治醫生（後
升職為副主任）負責做心電圖。這些記錄、資料都保
存在理療科的資料櫃內，其中含有動物實驗心電圖（分
期裝訂成冊），可惜在十多二十年間先後多次科室搬遷
時，尤其在我去美探親期間，被當廢品丟掉。隨着科室
的建設，新的技術骨幹已由研究生們承接，他們也在科
研深入的新階段進入了立項的正規過程，這使我心裏的
大石落地了。我深信這一代高學歷的年輕人，定能做得
比我更好。

二、著書推廣脊椎病因學應用

自 1960－1984 年，魏征和我在科內帶教研究生和開
辦培訓班期間，都是在家備課手寫講義，或刻蠟板油印
綱目和全文。1972 年後漸為國內、軍內同行認識，並經
常應邀出席學術交流會。之後我在這些講義的基礎上，
把手寫講義修改寫成《脊椎病因治療學》的書稿。

這裏容我插敍一段小故事。當時魏征工作太忙，於
是他建議我發揮小學教師的特長，把講義修改寫成著
作。我寫作常求全、求細而冗長，不精練，老魏為我修
改，常大筆一揮劃去很多，他笑我的寫作是"臭婆娘的
裹腳布"（意思是又臭又長）。我辯解說："我怕'小學

生'們看不懂文言文哩！故白話文寫的通俗小說就冗長
啦。"老魏正言說："你現在是寫書，要出版喔，字數
受限的喔。是大學以上的人的參考書，醫生們工作繁
忙，難得抽空查查，你白話叫人煩喔。精煉為佳。"

　　經十個月的反覆修改而定稿後，院機關推薦交給廣
東科技出版社出版，編輯部經三審通過後，書稿交給印
刷廠了，但兩年多仍未能出版，後香港商務印書館要求
出版。

　　原書稿的相片取自開辦培訓班的現場記錄照相，大
部分屬於魏征和我所擁有。但商務印書館回覆相片品質
太差，我倆於是決定趁這次機會要求院方重拍書稿相片
時，讓已培養出的專業團隊，全部參與拍攝。我們就此
草擬了拍攝計劃，上報醫務部同意。在 1987 年 2 月，
商務印書館派出專業的攝影師來我科，重新拍攝全書的
圖片和相片，拍攝品質明顯提高，至 1987 年 12 月出版
樣書收到後，老魏和我非常欣喜，因為書不單紙質好，
而且編輯、印刷、圖文清晰度等均比國內好得多。當年
香港尚未回歸，書在"海外"出版，還有利向海外宣傳
這項新病因學說（按：中國當年因被列強封鎖，而不知
美國、加拿大整脊專業已近 200 年的歷史）。20 年內先
後六次印刷，已成為同行的參考書，由於國內只有廣州
三聯書店銷售，所以許多學者僅能從網上購買，還有些

單位違法翻印私售，可見需求量之大。

　　2005 年我去美國後，香港商務印書館毛永波副總編輯要求我將《脊椎病因治療學》修訂為二十周年紀念版。我經與段俊峰主任商量後，同意紀念版與國內第二版的籌備一同進行。當年與香港商務印書館談好，在國內出版第二版，並答應將原著作分段寫成三本科普書，其中《頸椎病的防治》、《腰骶椎病的防治》均已出版，第二本書本擬以《胸椎病的防治》為題，但因我考慮到胸椎病多以內臟相關病為主，包括心、肺、肝、膽、胰、胃腸等，我當時想待癌研課題有結果，並把癌研成果寫入書中，故一拖就是三年。之後因出版社人事變動，寫作計劃於是暫時擱置。

　　《脊椎病因治療學》第二版由段俊峰主編，人民軍醫出版社於 2011 年 10 月第一次印刷，國內首次發行。《脊椎病因治療學》的二十周年紀念版，及《頸椎病的防治》和《腰骶椎病的防治》由我主編，香港商務印書館授權國內世界圖書出版公司改為簡體字版出版，這幾本書滿足了廣大國內讀者的需求。

第七章 老年期為還心願

一、兒女情長

2005 年 10 月我 79 歲時，經組織批准我第四次赴美國探親，與老魏最疼愛的小兒子躍子小倆口歡聚了五年，共同生活了一段時光，算是還了老魏生前的心願。這次與 1988、1990 和 1993 年的三次赴美不同，那三次均是學術交流性質。1988 年我從北加州到南加州，按加州中醫師公會計劃安排，輪換培訓地點達 20 多處，每處都是由一位責任醫師接待我。我第一次單身赴美參加第四屆世界中醫大會，因教學需要而延期至半年（原批簽為三個月），後兩次各為三個月，三次交流合共一年時間。2005 年那次則是探親，躍子於 1989 年赴美留學後已留美工作，成家立業。他多年希望我和他姐姐能去美與他們團聚，看他買的新房子。然而因老魏病逝，我又仍有工作而一拖再拖。直到 79 歲之年，心想再老就難以成行，才決定去美探望他和兒媳若梅，當年躍子親自回穗陪我成行。五年的團聚，兒女情長歡樂何如！只是做母親總是多牽掛，在夜深人靜時就會思念遠方的兒女，可說是兒女情長，人生難得月團圓！

我晚年享受到兒女盡孝最幸福。三個兒女都很孝順：冰兒全力侍奉老爸至獨自料理後事，繼而照料我和大弟，無怨無悔。誠兒不幸因病殘而中止工作，但仍遵從忠孝之道，忠貞愛國，關愛家人，尊重姐姐。冰兒的孝心，言傳身教令其兒孫和媳婦都很尊重關愛和孝敬我。

躍子自費留學，在他初到美時腰椎病發作，除了繆貞蘭和李立農兩位朋友、同學盡心關照外，沒有親人照料。他堅強地捱過八個多月臥牀牽引的艱難日子。此前我去美講學所得的微量資金，難以供他學費和幾年的生活費，只夠他初到美時的一些生活和考研費用，此後完全需由他去打工解決。幸好他在出國前已做過電腦和環保網絡工作，故在加油站做粗活只是短期的體驗式磨煉而已。他很快就進入專業工作，使他能順利完成碩士學位。讀書期間還心懷報效祖國之心，擬畢業後回來報效祖國，後於回國參加大學同學聚會時，深感其所學專業當年尚難以在本國發展，才決心留美工作。

與躍子和若梅在美歡聚的五年中，我不只完成寫書、培訓、創立北美學術平台等工作，還巧遇機緣，完成去美前的一椿心願。這是我今世最大的志願 —— 啟動癌症的脊椎病因研究（已分述於各專題中）。這也是躍子和若梅對我的盡孝：在養老中更有意義的是為我提供一個創立學術平台的環境。若梅不嫌棄我在家中接待美國骨科專家 Dr. Sanet 的採訪，及接待學生在家中培訓和會診，助我完成在北加州建立了"脊椎病因治療學"的學術平台。

2008 年秋的一天，我突發血壓波動，血壓突然升高達 181 / 65mmHg，低壓正常，並促發頻發室性早搏（二聯律），先後兩次去急診。第一次血壓升高達 181 / 65mmHg 那天，恰巧學生高鈿來探望我，即送我去急診，到醫院口服腸溶阿司匹林後不久血壓已降低，但醫生要我留下觀察。另一次因頻發室性早搏發作，躍子和若梅下班回來見我臥牀休息，知我煮晚飯時發病了，他們匆忙送我去急診，主要是心電監護，口服阿司匹林，不久心律由頻發恢復回偶發，我要求出院，但值班醫生不同意。躍子陪我坐了一個通宵，次日清晨送我回家，並擬請假在家陪我。我再三告訴他這病反覆發作已幾十年了，都有誘因（脊因）的，我會掌握。

2010 年，我 84 歲，自知隨着年齡的增長，動脈硬化引發的心腦血管病將會頻發（青壯年人以脊因為主，老人則是脊因與動脈硬化並重），為免在美就醫不便和加重兒媳倆的責任，回穗是首選方案，故於 2010 年 11 月 8 日，由躍子護送順利返航。抵穗當日冰兒帶領全

家，段主任帶領科代表們，醫院也派車到機場接機，多
幸福開心喔！借用老魏的口頭禪："一樂也"。

二、發揮人生夕陽餘暉了還心願

我在美安居的五年內，完成了在穗設想好的全部計
劃：

1. 完成香港商務印書館特約出版的四本書和國內參編書

包括《頸椎病的防治》（2006 年 4 月出版）、《脊椎
病因治療學》二十周年紀念版（2007 年 12 月出版）、《腰
骶椎病的防治》（2010 年 1 月出版）、由錄像帶改編為書
附光碟版的《都市病家庭推拿法》（2011 年 7 月出版）、
由段俊峰主編的《脊椎病因治療學》第二版參編部分書
稿，和出版前的審修工作（由國內人民軍醫出版社 2011
年 10 月出版）。

2. 完成在美創建第三個 "脊椎病因治療學" 的學術平台

為此與 17 年前培訓的幾位學員，包括：繆貞蘭、
陳壽華、陳以惟、李勁芳、趙廣偉、黎京等和朋友陳大
仁、林小娃、周敏華、羅志長、趙振平等先用電話商
量，聽取他們建議後，我量力而決定。這個平台的建立

先由趙廣偉和黎京協助招收師資級（中醫博士學歷者）的短訓小班，每期 6 人，每週四下午授課，每屆 24－30 學時完成，共培訓三期（另有十餘位醫技旁聽生）；再與趙振平校長協議，為"美國中醫藥大學"開辦博士班，講授"脊椎病因治療學"課程，最後受聘為該校博士生導師，帶教三個博士研究生。由此形成了美國加州"脊椎病因治療學"的學術平台。2010 年我回國前，委託趙廣偉為這項課題的開拓工作負責人，並推薦為加州中醫藥大學教授。至今他在加州已成為這門學科的學術帶頭人。我曾與老魏商量，脊椎病因治療學是為現代醫學中的"病因學"的完善，增加一門病因學說。脊椎病因治療學研究重點，是為目前西醫各科疾病中，凡冠以"原發性"、"神經性"、"功能性"、"心因性"及"遺傳性"等病因未明的疑難病、慢性病，找出新的病因，擬解決終生服藥治標不治本的難題，為醫學的發展貢獻一點微薄的助推力。

3. 接受國際同行的採訪和學術交流

《脊椎病因治療學》在香港出版後，受到一些國際學者的認同和關注。一位美國西醫骨科專家 Dr. Sanet 的學生，是香港物理治療師曾志耀，他與我的學生沈彤聯繫並徵得我同意後，由曾醫生陪同到美國躍子家中採訪我。採訪錄影後的筆錄如下：

S ： Dr. Sanet

龍 ： 龍層花

S ： 有何因素／原因驅使你深入地進行你的研究／醫療工作？

龍 ： 1956－1959 年為響應周恩來總理的號召，我院派三人參加廣東省衛生廳舉辦的"西醫學習中醫班"。畢業後，為了選中西醫結合的科研課題，我與魏征商議，選兩人共同研究的臨牀疑難病，研究課題是"中西醫結合診治頸椎病"。

S ： 你何時開始察覺這些因素／原因？

龍 ： 1960－1968 年，課題研究無明顯進展。1969 年魏征將三個重症住院頸椎病病人，作為臨牀研究對象，在檢索"查新"中，抓住中外專家共識的疑問："頸椎病的臨牀表現與 X 線片顯示往往不一致"作為攻難的切入點，從發病機理去研究。我在推拿治療中，發現頸椎骨關節失穩現象。這現象是有病的椎骨有偏移或凸起現象，並且隨手法調理可恢復正常，使症狀改善或消失。但是不少病人容易復發，偏歪再出現，病痛難治癒。經半年解剖研究明確椎骨間錯位（中醫稱為"骨錯縫"）使椎管、椎間孔變形變窄，導致神經、血管損害而發病。因為 X 線照片上未達半脫位標準，而被排除脊椎病。我與魏征商議，定名為"椎關節錯位"，以便在西醫診斷標準中，將現行的"脫位"、"半脫位"後增設"錯位"的診斷標準，並將原課題擴大為"中西醫結合診治脊椎病"，即包括頸椎、胸、腰、骶椎。

S ： 為何是脊椎相關病及其手法治療的研究？

龍： 從 1960 年立題研究後，逐漸發現不少治癒的頸椎病人提到頸椎病好轉後，原有的其他病（包括頑固性耳朵痛、慢性咽炎、血壓高、失眠等）亦有好轉。1972 年我確立新的脊椎病研究課題時，重修研究課題為"中西醫結合診治脊椎病與脊椎相關性疾病"。

S ： 你是否當初已計劃要成為一位用手法治病的醫生？

龍： 1956 年以前我是物理治療師，中醫專科畢業後任理療科醫師。1976 年廣州醫學院臨牀醫學本科畢業後，轉任康復理療科主治醫師。在中國當醫生頗自由，在你的職責範圍內，對病人和疾病有用而無害的，無論用西醫、中醫、中西醫結合的診治技術都允許。我從 1950 年開始學手法治療技術，但只在病人有需要時才用。1972 年以後，隨着課題研究進入"手法改革"階段後，才成為以治脊療法為專業的醫師。

S ： 你相信找到一個病因的重要性嗎？

龍：我堅信此點。在我讀書時，深感很多內科疾病的病因尚不清楚，或已知與植物神經功能紊亂有關，但植物神經功能為何紊亂就無定論。治療常用對症處理，治標不治本，中醫強調"治病必求其本"，所以我很熱心做這項研究。我有信心把現代許多疾病的治療改變為不需終生服藥的治療。

S：你相信一個主要病因的概念嗎？

龍：我相信。我在《脊椎病因治療學》一書 295 頁的"結語"中已說明了。

S：你認為脊椎相關病除了以機械性因素為主要病因外，有沒有機械性以外，如心理等因素的出現？

龍：每個病人都有一些心理因素，多由久治不癒的痛苦引起，或因精神創傷，導致脊椎病發作，使其病情形成惡性循環。只需在治療中耐心開導他們，隨着病情改善，建立治癒信心便行，我的病例中就有不少病人（XX 神經官能症、癔病性右上肢癱瘓、重症頸性眩暈、神經性嘔吐、頑固性呃逆、局部性癲癇等）屬於此類。脊椎病除骨性激 / 壓外，無菌性炎症常與機械性損害互為因果，形成惡性循環。

S：這些主要病因是否與病人的主訴吻合？

龍：脊椎病的臨牀症狀雖很複雜，但我診治的病例中，都可以與主訴吻合。符合神經根型定位診斷的，易

得到一般醫生共識；交感型和腦、脊髓缺血者常會
有爭議，或誤診誤治。

S ： **你學習手法醫學時，哪位老師曾給你靈感？**

龍： 我學的手法都屬傳統方法。1950 年一位紅軍老醫
生教我蘇聯按摩術，手法柔和，病人舒適。1955
年學習東北湯岡子療養院手法。1958 年何竹林老
師教授中醫骨傷科正骨術時，當時只知中醫治骨折
和脫位的手法要點，後來在研究手法時，在老師的
手法外主要汲取六例外院手法致傷病人的教訓，使
我深感"殺雞焉用牛刀"，更不應採用"矯枉過正"
的規則，因為"椎骨錯位"小於"半脫位"，只屬中
醫的"筋出槽"和"骨錯縫"。研究的全過程技術標
準化中，魏征是我最重要的輔導老師。在半年的解
剖學研究中，我結合了脊椎病生理病理新的認識，
和脊柱的生物力學失衡致病機理，更為避免手法致
傷，採用了"生理運動復位法"和"體位復位法"
的手法，強調"穩"、"準"、"輕"、"巧"。

S ： **你覺得你做的工作與從前的老師有分別嗎？**

龍： 我是在老師和魏征的教育下成長，但按原有的基礎
理論走了九年彎路，經過深入研究，才發現原有認
知不全面，研究後找到頸椎病診斷上"不一致"的
原因。改變診斷標準後，我們將頸椎病的發病年

齡，從中老年變為各年齡段均可發病，當中包括幼兒的產傷。我們也更新了脊椎病的發病機理和病理認識，將椎間盤膨出、骨質增生和韌帶鈣化放在次要位置，失穩和錯位放在首要位置。我們雖做了開荒牛，但卻為醫學上了一步台階，僅此而已。

S： 你覺得人類的疾病及失衡是如何出現的？

龍： 我只談脊椎病和脊椎相關性疾病。在《脊椎病因治療學》一書 44 頁中，脊椎病病因病理示意圖可簡要説明。青少年的急性外傷，常會導致椎間盤提早退變；青壯年的慢性勞損常會導致脊柱失衡；工作和生活中的不良姿勢，是慢性勞損的主要原因和脊椎病的發作誘因。老年性的脊椎退變是脊柱失衡的重要原因（椎間韌帶相對鬆弛），但只要保持椎骨間的正常位置，不錯位，及脊髓、神經、血管的通道容積，在代償範圍內也不會發生脊椎病（100 例 X線頸椎照片）(65頁)。代償功能與先天因素相關。

S： 從這裏可有得着 / 可從中學習得到甚麼？

龍： 我在這裏創立了“治脊療法”。

S： 你曾經歷的挑戰與靈感有否改變你的生命進程？

龍： 我幾十年辛勤研究的“脊椎病因治療學”，雖仍處於初級階段，但是我親力親為，清楚各個細節，方法自如運用，因此，在老年保健中我是受益最大的一個，使我能在 82 歲高齡仍能有較健康的身體和腦力做我感興趣的工作。

S：你覺得你是利用哪個＂器宮＂或部位去聆聽、感應、看見及感覺？

龍：我是運用正常的生理功能。在理論研究中，我虛心向別人、向書報學習；在臨牀研究中，我親力親為去診治疑難病人，耐心聆聽病人的主訴。療效不理想時，先從治脊方案找不足，並不輕易懷疑病人主訴，也從不放棄一個疑難病例，除非不屬於治脊療法適應症。我在工作中強調觸診的重要性。

S：你有沒有一個令你印象難忘的失敗病例？

龍：有的。《脊椎病因治療學》一書 242 頁中的歐某。另外，還有一位急性高位截癱患者。

S：這病例有否令你改變？

龍：我一生做事都是無怨無悔的。從失敗中我會從不足中汲取經驗教訓，工作中更耐心說服病人。強調要徹底治癒脊椎病，當中醫生佔 60 分，病人佔 40 分。醫生的 60 分中，有 40 分是診治正確，有 20 分是教育病人。病人的 40 分中，糾正不良姿勢、堅持練保健功、用牽引法和適宜運動抗衰老、預防外傷各佔 10 分。歐某雖屬治脊療法成功的個案，但他因我說服不夠而動手術了，我心裏感到內疚。

第二個案例，是因 C4 滑脱致急性脊髓損害截癱的。初期患者雖不是我的病人，但在他手術後我為他治療時，發現他截癱好轉甚微，我後悔在他初病好轉時，未及早建議他做好防復發措施。

S ： 請告訴我你最成功的病例。

龍： 我們研究的每個病種的首例，都是一次最成功的病例。一般人認為，手法不適用於內科急、危的重病治療，故值得一提以下兩個病例：

病例 1 ：冠心病併頻發性室性早搏（二聯律），中醫治療兩個月、西醫治療四個月，未有好轉，治脊療法三次痊癒，由此立題 "治脊療法治療冠心病、心律失常的實驗研究"。1989 年 1 月運用中醫的 "急則先治其標" 和現代脊柱整體觀，對一位心肌梗塞後仍在垂危的病人，以三階段的治脊方案參加救治，獲得完善康復。

病例 2 ： 1996 年 12 月一個腦溢血 80+ml、手術後深度昏迷的病人，男，76 歲，手術後兩天血壓仍持續在 285 / 123mmHg，深切治療部請專家會診後告訴家屬，生命垂危，若幸能醒來也可能變成植物人。我檢查出其 C5 左側擺並後旋，建議手法復位，按高血壓病用牽引下正骨手法，3 分鐘的正骨和 3 分鐘的點穴手法後錯位頸椎關節腫脹部貼消腫藥貼。兩個小時後血壓緩慢下降（降壓藥亦漸減少），一週後降至正常，一個月後轉危為安。以治脊療法半年的康復治療，手術後康復良好，他的弟妹們都認為是個奇蹟。

S：我老師認為人類的疾病有自癒功能。那你認為醫生的作用是甚麼？

龍：脊椎病和脊椎相關疾病在發病早期，病人如能認識脊椎間關節錯位的自我調治，有可能完全康復。醫生對病人的正確診治，有如火車道的道岔開關，讓病情可轉到能治癒的方向，調動和發揮人體的康復功能。

S：如果我是你的學生，你會怎樣告訴我以往手法醫學值得懷念的事情？

龍：前人為發展手法醫學的刻苦創業精神，是我輩學習的榜樣。中國有個"愚公移山"的故事，我很想手法醫師都有這種決心，對疑難病症"挖掘不止"。

S：在現代手法醫學裏，有沒有令你失望或不滿意的地方？

龍：手法醫學學派甚多，我相信各有所長，應互相交流切磋，取長補短，不斷改進手法，造福病人。

S：在現代手法醫學裏，有沒有令你感到鼓舞的事？

龍：有的。上世紀七十年代前，中國被封鎖，我在國內積極參加全國學術交流，推動手法流派的切磋學習，但我們檢索的訊息太少。八十年代初，我的香港學生黃傑向我介紹了國際整脊術，1988 年我到美國出席第四屆世界中醫大會，擴大了眼界，隨着中國改革開放，我先後三次來美，八次赴港參加國際會議，增長了知識和技能。國內和國際手法醫學研究的深入程度使我感到鼓舞。

S： 你有何重要的事要告訴後輩？

龍： 我和老魏都一直希望後繼有人，有志者接力研究下去。預計要有三代人的刻苦奮鬥，才能完成這個脊椎病因理論的確立。我在《脊椎病因治療學》（紀念版）的前言中對本課題的效益訂立了目標：讓人類有個健康的脊柱，使嬰幼兒健全發育成長，青壯年體壯力健，奮力工作，幸福快樂，老年人延年益壽，健康開心。要達到此目的，只有靠一、不懈地深入研究；二、加強教學、三、宣傳推廣。此外，必須辦好研究所、醫學院，建立學術平台。我常對學生們講，手法是工具，脊椎病因治療學理論才是根基。各家手法均有所長，"黑貓白貓，抓住老鼠的就是好貓"。所以我從不限制學生只用我的手法。

S： 你認為對研究及掌握脊椎相關病症及手法治療是否需要熱情？

龍：這是肯定的，需要堅強的意志。只有立志為病人謀幸福，為醫學求發展的志願者，才會有不減的熱情來參與研究，並在研究中感到幸福和開心。

S：你現在主要研究甚麼呢？

龍：正在研究高脂血症的脊椎病因。

S：你認為病人最應該知道／感覺／感受／記着甚麼？

龍：克服工作和生活中的不良姿勢，堅持練脊柱保健功。

S：病人之外，其他人又如何？

龍：我在視力極差的狀況下，答應香港的商務印書館將《脊椎病因治療學》改編為科普讀本，就是為了普羅大眾都能學到保護脊椎的知識。可參考已出版的第一冊《頸椎病的防治》。

S：如果要你說一個關於一個病人、關於你自己，或關於生命的故事，那會是甚麼呢？

龍：我會講我自己的故事。一個一生曲折苦難而自強不息、百折不撓，為病人盡責無怨無悔、奮鬥終生的故事。我幾十年大病多、重傷多、大出血多、大手術多，如果沒有研究脊椎病因課題，我可能不死也已殘廢了。所以我的故事，會讓人們相信，呵護脊柱即可維護健康。

（按：訪問於 2008 年 5 月 17 日由 Dr. Sanet 到躍子家進行，由曾志耀任翻譯。在座有採訪人員兩名。本人邀請參加的學者包括：黎京、齊秀平及其先生、陳岩、李建東、高鈿和親友等。）

以下為一些採訪的回應：

學生沈彤來信：

龍老師：

您回答得很出色！我也在您的回答中繼續學習！所以，您一點也沒有老啊。哈哈。這個採訪對於西方人認識中國脊椎病的診治、認識龍氏治脊療法很有幫助！

您辛苦了！

我要趕着上班。下次再聊！

學生沈彤

我的回信：

沈彤：

我有自知之明的。年歲不饒人啊！所以我叫 CY（曾志耀）先將問題譯中文給我，我也想到他翻譯有難度，將答案郵給他，又請黎京、陳岩、齊秀平和李建東等幾位醫生參加活動，幫他將難譯點補充好，總算順利過了，採訪圓滿吧，是否能達到向西方宣傳作用，靜觀其變吧。我好勿念！祝

健康快樂！

龍層花

龍老師：

　　Dr. Sanet 是誰呀？我能將您的訪談放到我的博客裏嗎？我已經把圖片交給段主任了。另外，我上次發給您的郵件收到沒有？您同不同意幫吳漢卿教授寫序言？

廷臣

　　2006 年，加拿大一位退休的脊椎神經專科醫師，何佐治先生，退休後回香港，幫商務印書館做英文翻譯，總編輯張倩儀請他審閱我們的四本書，他從歐美整脊專業上，用心細閱我們的《脊椎病因治療學》，他給我寫過幾封信：

龍教授：

　　手上有您大作 95 年出版的英文版，第十四章已詳述脊柱治療和其他病的關係，您希望我將最近出的中文版中的內容用英文發表相似的文章嗎？舉手之勞而已！出於好奇，晚輩很想知道您怎樣治好痛風，因為第十四章沒有提及。望開茅塞。這亦有發表價值，因為很多人患痛風，想根治，只要給我中文內容。我會用英文寫好的。

晚輩 何佐治

再來一封電郵：

龍教授：

　　您好！近閱網絡：http://www.news-medical.net/news/20130214/Longe28099s-manipulation-enhances-massage-for-chronic-neck-pain.aspx，發現此文章由外國人 Lucy Piper，

得 Springer Healthcare Ltd. ©Springer Healthcare Ltd. 授權發表，
文章有關您的頸部手法能增強傳統中國按摩效果的文章，
"Long's manipulation enhances massage for chronic neck pain" 由
英國的 Springer Healthcare Ltd. ©Springer Healthcare Ltd. 發表。

祝好！

何

4. 在美推動 "癌症的脊椎病因臨牀觀察" 課題研究

2009 年在美推動癌症研究的起因是我去九妹的家住
了一週，第一天晚飯後九妹講到她一位朋友的大兒子梁
某近日發現左側肋骨腫大。我立即預感是否癌症，即日
便約她帶兒子來為他檢查，初診判斷其為左側第八肋骨
胸壁 "骨肉瘤"。脊柱檢查情況是：T2 / 3 右旋且凹陷（T2
仰旋）、T2－10 右側彎、7－9 呈後突隆起。7 / 8 椎左旁
有壓痛而腫瘤在側臥受壓時亦有疼痛。我即時囑咐立即
就醫作手術、做放化療，並建議她必須 "三管齊下"（西
醫、中醫、脊醫），才有望爭取康復。

接來信說："經西醫診斷，史丹佛（又譯斯坦福）
醫院多名高級病理學家，從形態學和免疫組織化學
染色顯示特徵，均認為是高位未分化肉瘤（high grade
undifferentiated sarcoma），myofibrosarcoma，但與滑膜肉瘤
（synovial）、惡性外周神經鞘瘤（malignant peripheral nerve
sheath tumor）、骨肉瘤、尤文肉瘤（Ewing's sarcoma）

等，與腫瘤細胞肉瘤的軟件（所判斷），血管周圍上皮細胞瘤，纖維肉瘤鑒別診斷，但結果並不指向一個明確定義的肉瘤亞型。基於這些病理發現，博士們的診斷以"high grade sarcoma, unclassified, with biphasic morphology"（高位肉瘤、未分類、與雙相形態）。情況不樂觀!!!!!!!!治癒率低……。"

病人按我的意見，中、西、脊醫並行。我在九妹家為梁某做正骨推拿治脊 5 次，並教他練單／雙槓懸吊蹬腿功。為他的長期治脊療法和中醫辨證診治安排妥善：介紹趙國輝醫生為他治脊療法、王愛羣醫生為他中醫辨證診治，內服中藥。我回躍子家後，朋友來電話說王醫生初診把脈，發現梁某左腕脈象已無法捫到（稱為無脈證），只可用望、聞、問、切綜合分析後，中藥與針灸療法並用，以減輕西醫手術、化療的副作用為主要治旨，服中藥一個多月後，梁某左腕脈象已恢復可捫到（即免疫力提高）。這有利於他順利渡過手術關和化療關。"三管齊下"之法，至今已五年多了，經受了特大手術和六個療程的化療，身體健康狀況在早期雖曾有些抑制性反應，但已比一般病例的反應輕得多。一年後康復良好，全身狀況比手術前健壯多了，趙國輝醫生來信說梁某身體健康狀況已很正常，性格亦比前開朗多了。

九妹的另一位朋友羅某，因食慾下降，體重消瘦近

20 磅，西醫診斷高度疑似"肝癌"，四年過去了，家庭醫生（西醫）治療無效。我約他到九妹家由我為他按脊椎病因檢查，發現完全符合脊椎病因的病理性損害：長期腰背痛、腹部脹滿腹壁板硬、口腔潰瘍經年不癒、舌苔厚黃中央轉黑、舌體肥胖兩側齒印、頸胸腰椎多關節多類型錯位，病理體徵明顯，他也有多次外傷史和腰肌扭傷史。我為他治療 5 次，並教他在家中安裝單槓，堅持每天下班後作懸吊蹬腿功法。為他治脊 5 次後已有改善，即介紹到趙國輝主任診所，診治頸胸腰椎病（防治癌症腫瘤之法）。我回國後，趙醫生來信告知，羅某明顯好轉後已自行停止治療，2013 年帶領一家人回越南老家探親。

三、重啟"癌症的脊椎病因臨牀觀察"科研課題

1970 年開始，我歷經親人和朋友患癌早逝的切膚之痛，使我深感醫生肩上的沉重，責任心的無奈。我曾對老魏說："癌症的脊椎病因被我們發現了，若只有我們相信，是無法推廣應用的，必須有實驗的檢驗證明，才會讓醫生們相信，才能推廣健脊防癌的應用。"從 1970 年六弟患肺癌試用治脊療法配合中西醫傳統療法取得理想療效後，我們把這種療法簡稱為"三管齊下"防治癌症方案。從此我在工作中，開展了治脊療法治晚期癌痛。

　　2009 年，在美國學術交流大會上，巧遇北京老朋友麻仲學博士，他移民美國後開辦了一所"美國中醫癌症研究所"，以中醫藥物加針灸治療癌症腫瘤，激起了我終生想研究癌症的心事。翻開我 40 年前的筆記，找到了 1970 年對癌症研究的"假設"、"臨牀實踐"和"檢驗方法"的小結，一向睡眠良好的我，為此而幾夜難眠。當時心情矛盾，感到機遇雖好可惜遲了，以 83 歲之齡是太遲了！這項大課題非我個人今生之力可能完成的。次日，我打電話與趙振平校長聯繫，立即得到她的大力支持，同意由我帶她的三個博士研究生（也是我培訓班的學員）齊秀平、談恩麗、張中華，啟動在美研究的"健脊防癌"課題；我與麻教授協議為他的癌症患者作普查，並已徵得我院科訓科王科長上報同意，及段俊峰主任同意，以我科的研究所名義，與該所簽訂協議，進行"癌症的脊椎病因的臨牀研究觀察"課題研究，我想，萬事起頭難，2001 年老魏在世前，曾先後三次擬開啟這項研究，先後與各間醫院聯繫均未果，只有本院普通外科，在我治晚期癌痛有較好療效的基礎上，得到江法文醫生和黃明運副主任的支持，讓我檢診了他們收治的癌腫手術前患者。故此次機會，我擬定仍為癌研課題的"預初試驗"的第二階段課題。這是在 50 多年的多階段小樣本驗證基礎上，進行的一項正規立題的研究！我心想，目前世界上的醫生們尚難覓得相信"健脊能防癌"者，我就再做一次開荒牛吧！

　　從協議簽字後，按計劃每週四的下午，談恩麗醫生開車到躍子家接我去麻教授的美國中醫腫瘤防治研究所，齊秀平和張中華自駕車到達，每次均由麻教授從診所預約 5－10 名癌症患者來覆診，徵得癌症患者和家屬同意，並在知情書上簽名，我帶着研究生們為他們作脊椎病因普查，並向他們宣傳癌症的脊椎病因研究的意義。已患癌症的經接受西醫手術、放、化療的，增加脊椎病因治療，有望能預防復發和轉移。對患癌前病變的患者，增加脊椎病因治療，有望能逆轉病變而獲得痊癒。患者們都非常願意簽知情同意書，接受這項普查，有些癌痛患者治脊後癌痛立時減輕，多要求繼續治療。我們查後將病變情況作詳細記錄，並教患者練功和自療，深受患者歡迎，並積極配合我們完成這項普查工作。先後普查了 84 例，另在三位醫生的支持下增查他／她們診所的癌症患者，共計 95 例，只有兩例患者呈陰性。

四、生命進入倒數階段，研究診治防癌症法寶

　　2010 年 10 月回穗後，初期大半年老年病痛一個接一個：腹瀉／腸梗阻交替發作、心絞痛／血壓大幅波

動乘虛發難。半年內頻頻感冒，交 300 多元做了十次高壓氧，只做了三次就患重感冒，難康復、咽痛、咳嗽半年之久，把我折磨到體質和體重都明顯下降，這是我年老適應力下降的表現。我自 1986 年至 2005 年，先後去美國四次，去香港八次，往返均無時差和不適反應，工作一向能吃苦耐勞，青壯年時患重症肝炎，肝脾腫大至臍部都能上班不病休，重慶出差車禍重傷回來，吸收熱達攝氏 39 度都堅持工作。這次不完全性腸梗阻住院兩週，要做胃腸減壓才痊癒，不料到老竟然如此不堪一擊。經過深思，還是正視現實吧！我運用中西醫結合，和內外兼治之法，與疾病展開頑強的鬥爭！

有家人的呵護和親戚朋友的勉勵，學生們近者紛紛伸出熱情的援手，遠者來信報喜讓我開心。幸好我一向胸懷坦蕩，一生無怨無悔，還能正確地認識人生規律：生、老、病、死。我有視死如歸的心態，在 80 歲後就已正視後三者，所以才決定回國，安居老宅。這既有利於自己看病，更可免去在美看病必須孩子或學生開車接送、入院陪護的麻煩，這是我回穗的第一個助推力。不少仰羨我能去美養老的親朋、學生們，都為我放棄美國綠卡感到惋惜。我說人生的事不可能十全十美，俗語說得好："針無兩頭利"，"人生不如意事常八九"，總會有很多無奈，何況在世界上做醫生，無論診治防或科研工作，中國醫生都能自由選題研究，而且國家也提倡中西醫結合，我想，回來更便於力推"癌症的脊椎病因動物實驗研究"課題的實施，這是我回穗的第二個助推力。

我自 1970 年，六弟患肺癌來我院手術時，主訴胸痛咯血，我按定位診斷，發現其胸痛與胸椎錯位明顯相關，為他復位調理後疼痛立時明顯減輕。我與老魏研討後，開始將脊椎病因學試用於診治晚期癌痛，結果比單純針灸療效顯著提高。我與魏征共同研究分析，晚期癌痛的劇痛，是由兩種疼痛病因綜合而成，既由癌細胞增殖使臟器受損害致包膜膨脹，而引發的局部脹痛或鈍痛，更因與原發癌瘤相應的脊椎錯位，使周圍神經和交感神經受到損害，造成神經受骨性的卡壓損害、繼發創傷性神經根炎症和神經變性的疼痛密切相關。周圍神經的損害，多為麻痛或串痛，交感神經的損害，多為針刺樣痛、燒灼性痛或絞榨性痛，尤以使其支配的範圍血液循環紊亂。晚期癌痛藥物鎮痛，在 40 年前的日子裏，已達到無藥可醫的地步。不少病人寧死也不願忍受這種折磨。因為這個印象，使我立志終身研究癌症的脊椎病因。而癌症的脊椎病因，也檢驗解答了人在老年癌症發病率高的內因。

2012 年初，李協理員通知我正式受聘本院擔任康復醫學科顧問工作，正符合我有職能推動我科的研究所，進行"癌症的脊椎病因動物造模"的需要。

　　更幸運的是，我正巧遇到北京中國農業大學動物醫學院的金藝鵬副教授，他患"頻發性室性早搏"，經多方醫藥無效，從網上得悉我們研究所可按脊椎病因學原理診治此病，就抱一線希望，千里迢迢來到我院。段主任約我去為他會診，經三步定位診斷，確診為頸胸椎多關節、多類型錯位引發的心律失常，經由廖軍鋒醫生用治脊療法和丁曉紅主治醫生針灸後，病情順利地漸次改善，金教授積極練功配合，多個關節錯位的紊亂狀態已明顯改善，使頻發性室性早搏轉為偶發性早搏。由於他背部外傷致頸胸椎多關節多類型錯位而未及時復正，所以已發展成胸腰骶椎的 S 形脊柱側彎，右側背肌代償性肥大，左側腰背肌明顯萎縮，尤以腰肌較明顯。故在這段短期治療後，尚遺留下由外傷導致的 2-4 胸椎凹陷前移的問題，和左側腰背肌萎縮有待再次治療。後來他工作忙得不能在穗久留，故教他妻子學會揉捏、捶正等手法為他適時調理。回京工作至今，他堅持練功和懸吊蹬腿法，加強拉力擴胸等鍛煉，左側腰背肌萎縮狀況已有較明顯好轉，遇偶爾復發時，他妻子經我指導學會常用正骨手法為他調治時亦有效。他的親身體驗，使他對脊椎病因學有了更深入的理解和釋疑，也更有迫切研究的意願。2012 年 12 月 16 日，他出差來廣東農學院講學時來探望我，我為他覆查，2-4 胸椎凹陷前移的問題已改善，但尚未痊癒，其他的肌肥大和萎縮已康復到基本正常，脊柱側彎亦明顯改善到可代償範圍。病情已基本穩定，只在工作過勞時仍偶有輕度不適發作，均可自療而癒。

我建議他與我科的呂主任協議兩單位協作共同研究"5-10 胸椎人工錯位與肝癌相關性動物造模的實驗研究課題"，雙方已有共識，並初步達成協議。我又建議美國博士生齊秀平與金教授合研"2-7 胸椎人工錯位與乳腺癌、肺癌相關性動物造模的實驗研究課題"。但願我能看到三年後的實驗結果，完成我假設的檢驗得到驗證，為改進防治癌症的研究取得簡易有效的成果。

我十多年前發現右側腎上腺瘤直徑約 2 厘米，內分泌科王國華主任診斷時，建議我每半年覆查一次，若不斷長大，直徑超 10 厘米就要考慮手術治療（疑惡變）。2013 年我因腸梗阻住院曾作 CT 掃描全身未發現癌症，此次掃描檢查報告，右側腎上腺瘤直徑只有 2.2 厘米，這是我堅持保健功和懸吊蹬腿法的優良防癌效果。40 年前的假設，應可初步寫個總結了。

五、我終生的簡易保健法

牀上保健功和單、雙槓懸吊蹬腿法，是預防脊椎病或脊椎病治癒後行之有效的防復發方法，也是我終生的簡易保健方法。為此，我從《脊椎病因治療學》內的保健功中，選出 6 個必練功法，編成小冊子，自費印了 1,000 本免費送給病人。不少病人堅持練此功均獲良效並防止復發。

2012 年 7 月至 8 月我因腸梗阻住院時，先後發生兩次昏厥，我首先排除了頸性昏厥，因我從未患過頭昏，故我分析可能是低血糖引發的（腸梗阻禁食）。住院閉目養神時，回憶這幾十年研究心得，脊椎病既列入“病因學研究範疇”，但仍應強調“預防重於治療”，為求實用和便於推廣應用，經多年實驗和臨牀檢驗，選擇了兩項既簡易、免費又省時的功法。

為預防生活中姿勢不良而發生的脊椎病（包括落枕、閃腰、坐臥姿勢不良等），我從工作中發現不少病人的發病，常在夜裏因頸肩腰背痛痛醒，或早上醒來發現“落枕”。經幾年的問診小結，發病除急性創傷外，多與睡眠姿勢不良相關。睡眠姿勢不良，導致某部分脊椎發生扭屈過度，引發椎間關節錯位。除提倡用我設計的保健枕外，再設計這一項自我防治的牀上脊椎保健功。

為何不叫“保健操”而定性為“保健功”呢？這根據人體脊椎的椎間盤從少年發育到成年，椎間盤就開始退變，退行性變的病理變化是隨年齡和外傷而發展，故提倡要天天練、長期練的要求。其中仰臥挺胸法，每次練習需由 30 次逐漸增加到 100 次，才能累積功力，而達到增強肌力、促進脊柱筋骨穩定性的效果。故傳授時要耐心講解練功的保健作用，和必須持之以恆。正所謂"只要功夫深，鐵柱（杵）磨成針"，故定性為練功。

　　脊柱保健在不同年齡段（包括嬰幼兒、少年、青年、壯年和老年），其練功目標、功法、強度和個人體質都應有變化。嬰幼兒期，以輕力按摩或捏脊法為主，用輕力牽引的"體位調正法"，根據幼兒活動姿勢的異常和體形變化，指導家長每天選好矯正姿勢的體位作輕力提牽，亦可用順吊法。5-12 歲兒童期的做法是家長面向孩子後背站立，兩腳分開與肩寬，囑孩子雙臂互抱，兩手互相握於另手前臂近肘部，家長雙手穿過孩子腋下抓握其前臂，將其抱住（家長必須握緊防鬆脫跌傷孩子）。然後將孩子摟抱提起於胸前，使其雙腳離地，作左／右擺動 3 至 6 下，再作前後擺動 3 至 6 下，繼而作上／下抖動 2 至 3 下即完成，每週做 1 至 3 次，或遇一般的跌跤後及時做一次。動作須輕鬆柔和，運動幅度由小漸增至適度（以無不適反應且有效為準），隨年齡增長和體形壯健而加強。家長根據幼兒脊柱變形進行畸形活動，每天晚上睡前施治一次，三個月為一療程，根據需要可再定療程。嬰幼兒還可用反吊法（將雙足提起整體離牀約

0.5－2 分鐘）。

　　小兒長大到能自行吊單／雙槓時，可教其練懸吊蹬腿法（可利用門框或等高的兩張椅子背向背分開，形成雙槓）。幼兒至少年期，可教其在起牀前練飛燕式 6 至10 次。以增強豎脊肌羣。教孩子懸吊蹬腿前，應仰或俯臥，檢查其是否有長短腳，而選定蹬腿次數，兩腳長度相差在 1 公分以內的，長腳蹬 2 下，短腳蹬 3 下；大於 1 公分的，長腳蹬 2 下，短腳蹬 3 至 5 下，雙腳同蹬2 至 3 下。一般 12 歲以下兒童不需用正骨手法，以免損傷脊椎骨垢影響其發育。12 至 18 歲可用"緩慢復位法"，如輕鬆的牽抖法或定向輕鬆的叩打法。臨牀研究證明，未成年人的脊椎輕度偏歪，用矯正姿勢作牽引，即能調正；青壯年人，練牀上簡易保健功和單、雙槓懸吊蹬腿法，每日練一次，或有頸背不適時練簡易牀上保健功一次，均可預防脊椎病。

　　牀上保健功和單、雙槓懸吊蹬腿法，已是我終生的簡易保健法寶，符合多、快、好、省四個原則。在第一屆全國脊柱健康論壇上，我應大會邀請為論壇主題題詞時，寫了"為了健康呵護脊柱"八個字，60 歲以上的老年人，除呵護脊柱外，還應重視對動脈粥樣硬化的防治，除加強適度運動外，必要時應堅持做局部按摩，或同時配合中西藥物治療。

以下談談老年人腸應激綜合征與腸梗阻的問題。我自 35 歲婦科手術以後，胃腸功能開始紊亂，大便不正常，便秘與腹瀉交替發作，後確診為腸應激綜合征。2010 年回國後，因反覆感冒咳嗽，繼而腸胃病亦頻發，先後兩次併發腸梗阻，第一次在噁心嘔吐時引發嘔血兩口後自行止血，第二次病情加重而住院，入院作胃腸減壓時發生一次昏厥。

2012 年（85 歲）春節後，接受王廷臣勸慰，每週三下午去他醫館做腹部艾碗溫灸治療，3 次後腹瀉改善，12 次的治療，20 多年病史的腸應激綜合征明顯改善，對食物的敏感應激反應明顯降低，我的免疫力亦有所提高，精神體力均逐漸恢復到相對平穩狀態。同年 6 月 11日，晚飯時因粗心不加防範，邊吃邊說話，當夜四更時分突發急腹痛，自我檢查，觸診發現又是小腸梗阻了，次日經自我治療無改善，延至晚上 11 點再急診入院。先禁食一週，胃腸減壓，前兩天輸液處方熱量不足，導致低血糖昏厥兩次，後加蛋白乳輸液後才漸好轉，遂住院近半月之久，體力和免疫力都轉差了，10 月份自費注射流感疫苗，反引發一次重症流感，流涕低燒咳嗽一個多月才漸痊癒。因此，這一年基本上不能參與更多的學術活動，而是在家靜養、治病為主。

再因老年脊椎退變和骨質疏鬆症，導致我不耐勞，每天上下午疲勞會有背痛，需仰臥休息約半小時才能緩解。飲食正常了，每日睡眠 5 至 7 小時，一般都能一覺睡到天明。偶因噩夢驚醒血壓會升高到 150 毫米汞柱以上（偶然一次高達 181，但舒張壓總在 60±8 之間，心率亦只在 60 次／分鐘 ±8 之間），只需側臥或向右翻身後，血壓可即降至正常範圍，經老年專科丁力主任檢查診斷後，肯定不用服降壓藥。血糖波動在正常值／升高的臨界上下，只需注意調理飲食，而暫不必用藥療。但血脂和血尿酸均較高，專家們均主張用藥。我因有重症肝炎史，肝脾腫大（病重期肝大平臍三年多才好轉，近年 B 超（二維超聲波）、彩超均此診斷），現疑有輕度纖維化，時偶右側臥有肝膽區不適。故改服中成藥調理，多個科室門診專家聽我主訴時，都會安慰我：〝你與同齡人比，你的健康狀況是很不錯的啦！〞總之，老年人臟腑功能降低是客觀現實（自然規律），只能順應調理以求讓這副老機器再運轉多幾年吧。快樂人生，無怨無悔！自然就安逸享受人生快樂啦！知足常樂喔！我知足了。但願能看到癌症的脊椎病因動物實驗成功的結果，以完成我的最終心願。

第八章　一生簡歷示分明

一、生平大事紀

1926 年 11 月 24 日

我出生於廣州市蓮花井街兩座紅磚小洋樓左座的二樓，排行第五，當年家境優越。1929 年家遭變故而寄養於舅父家（3－7 歲由外婆撫養，詳見前第一章第一節苦難的童年）。

1934－1937 年（8－11 歲）

廣州市立第八小學 1－4 年級。因病入學遲，故年齡是年級內最大者，被選為班長。因成績優秀曾跳級二次：一年級上下學期均為全班第一名，跳至二年級下學期，三年級上學期又為全班第一名，又跳級讀四年級，故三年讀完四年級（初小畢業，彌補入學遲的年齡）。

1937－1946 年（11－20 歲）

日本侵略逃難回家鄉，而失學務農。1940 年 1 月，父親在本鄉橫石水中心小學任教務主任，經校長同意我和四姐插班讀五年級，1942 年高小畢業。1942 年代母工作有幸在輝南中學讀簡易師範班，畢業後 16 歲，開始任農村小學教員 4 年。

1947－1949（20－23 歲）

日本人投降後，到上海伊光小學任教員一年，後應聘國防醫學院附屬小學任教員一年，1949 年 2 月隨校遷到台北，6 月辭職回穗。

1949 年－今

在廣州軍區總醫院康復醫學科，歷任情況：由理療技術員到研究所副所長，退休後至今任顧問。1949 年 10 月 14 日廣州解放，改任理療技術員、技師、醫師、主治醫師至 1992 年正式退休。退休後仍繼續參與教學和科研工作（組織關係交老幹支部後三年多才辦理交廣東省民政廳管轄，組織關係轉入越秀區第二軍休所），2012 年再被醫院返聘為康復醫學科顧問。

二、獲獎情況

多年來在學歷和社會工作，及工作、科研、教學中，獲獎情況如下（按年順序）：

1959 / 9　　　廣東省西醫學習中醫班，廣東省衛生廳
　　　　　　　頒發結業證書（1956 / 9－1959 / 9）

1977 / 3 / 12　廣州醫學院（1974 / 11－1977 / 3）發醫學

專業畢業證書（廣醫發字［1993］62 號文件……我院 1972－1976 年入學的二至三年制臨牀醫學專業畢業生，在評審高級專業資格時，應按本科對待。）

1986 / 3	CH－1-4 型頸椎牽引椅的設計研製與推廣應用獲廣州軍區後勤部頒發科技進步三等獎
1987 / 3 / 1	廣州軍區後勤部專業技術職務評審委員會授予主治醫師資格證書
1987 / 10 / 23	受中華全國中醫學會聘為中華全國中醫學會推拿學會第一屆理事會理事
1988 / 7 / 9	〈脊椎病與內臟疾病相關研究及中西醫結合治療〉榮獲軍隊科技進步二等獎，並榮立二等功
1991 / 7 / 1	評為醫院優秀共產黨員
1996 / 5 / 18	受廣州軍區廣州總醫院聘為"脊柱相關疾病研究所"副所長
1996 / 7 / 1	受山東省威海市頸椎病研究所聘為教授級研究員
1993 / 6	ZJC 微機控制全自動治脊牀獲廣東省醫藥管理局發 1993 年度科技進步三等獎
1993 / 3	ZJC 微機控制全自動治脊牀獲廣州市政

府／市科技進步基金會發科技進步三等獎

〈以正骨推拿為主的治脊療法治療冠心病心律失常及實驗研究〉被評為廣東省學術交流會論文二等獎。此文被選為於1991年12月8日在北京第一屆國際脊柱相關疾病研討會大會報告

《脊椎病因治療學》的編寫榮立三等功

2000 / 8 / 4 　受廣東省中醫藥學會聘為廣東名中醫藥學會推拿按摩專業委員會第二屆委員會顧問

三、主編或參編著作

我主編或參編著作包括（按年順序）：

1. 《實用理療學》，李維禮主編，人民軍醫出版社，1974年9月第一版，1990年第二版

2. 《簡明臨牀理療手冊》，廣東科技出版社，1982年3月

3. 《脊椎病因治療學》，（繁體字版由魏征主編），商務印書館（香港），1987年12月

4. 《龍層花頸椎病防治》，（科普讀本主編），商務印書館（香港），2006年1月

5. 《脊椎病因治療學》（二十周年紀念版主編），商務

印書館（香港），2007 年 12 月

6. 《龍層花腰骶椎病防治》，（科普讀本主編），商務印
書館（香港），2010 年 1 月

7. 《龍層花都市病家庭推拿法》（書配粵語 DVD），商
務印書館（香港），2011 年 7 月（1989 年拍攝錄影
帶，後曾將錄影帶改為 VCD 出版，2011 年 7 月改
為綜合幾本書內容編成新版配 DVD 出版）

8. 《脊椎病因治療學》第 2 版（簡體字版），段俊峰、
魏征主編，人民軍醫出版社，2011 年 10 月

9. 《脊椎相關性疾病治療技術》（DVD），龍層花、段
俊峰主編，人民軍醫出版社，2011 年 10 月

10. 《脊椎病因治療學》（簡體字版主編），北京世界圖
書出版公司，2012 年 2 月

四、發表論文

我發表的論文記錄如下（按年順序）：（以下經整
理，按刊出年份及課題分開，體例按一般學術論文格式）

1. 魏征、龍層花，〈頸神經根綜合征（附 12 例報告）〉，
《廣東醫學》現代醫學版 3 卷 3 期，1965 / 3，頁
158。

2. 龍層花，〈中西醫結合治療頸神經綜合征 123 例報
告〉，《新中醫》，1973 / 1，頁 24-27。

3. 龍層花,〈中西醫結合治療頸神經綜合征 60 例〉, 《新醫學》4 卷 6 冊,1973 / 6,頁 291。

4. 魏征、龍層花,〈頸肩部軟組織勞損與頸椎病之關 係的初步探討〉,《廣東醫藥資料》,1977 / 3,頁 28- 31。

5. 魏征、趙文勉、龍層花、馬永貞、閆書臣和放射科 技術組（龍層花執筆）,〈正常人頸椎 X 線照片 100 例分析〉,《人民軍醫》,1980 / 10,廣州軍區總醫院 頸椎病科研小組,頁 55-57。

6. 魏征、龍層花,〈脊椎病與某些內臟疾病關係的初 步探討〉,《廣東醫學》,1980 / 2,頁 12-15。

7. 龍層花,〈高頻電針綜合治療腱鞘囊腫 16 例〉,《中 華理療雜誌》第 1 期,1981,頁 24。

8. 劉鳳雲、龍層花,〈治脊療法治療胃、十二指腸潰 瘍病等 135 例〉,《中華理療雜誌》第 3 期,1982, 頁 148-150。

9. 龍層花,〈頸椎病的物理綜合療法〉,《骨科參考資 料》,1982,頁 41。

10. 龍層花,〈治脊療法的臨牀應用〉,《廣西中醫》, 1984 / 5,頁 31-34。

11. 龍層花,〈論正骨推拿在異病同治中的作用〉,《推 拿醫學》,1984 / 3,頁 1-4。

12. 魏征、龍層花，〈中西醫結合治療頸椎病所致眼部病症 137 例報告〉，《解放軍醫學雜誌》，1984。

13. 魏征、龍層花、李翠華，〈治脊療法治療心律失常、早期冠心病臨牀初步觀察〉，《中國傳統醫學手法研究會第一次經驗交流會論文選編》，1985，頁 22-25。

14. 龍層花，〈論正骨推拿在異病同治中的作用〉，《中國傳統醫學手法研究會第一次經驗交流會論文選編》，1985，頁 99-104。

15. 龍層花，〈論正骨推拿在異病同治中的作用〉，《按摩與導引》創刊期，1985，頁 4-8。

16. 龍層花，〈牽引下正骨法與 GK-3 型牽引椅〉，《按摩與導引》第一期，1986，頁 30。

17. 龍層花，〈QY-4 型牽引椅及牽引正骨法〉，《中華理療雜誌》第二期，1986，頁 117。

18. 魏征、張德新、趙文勉、龍層花，〈對頸椎病發病機制探討〉，《骨科參考資料》第十二期，1986。

19. 魏征、傅傑平、宋文欣、王正和、龍層花，〈牽引下正骨法為主治療頸椎病 507 例〉，南昌市全國頸肩腰腿痛第六次學術會議，1986 / 10 / 14。

20. 中國大陸代表共八人，1.〈牽引下正骨法為主治療頸椎病 507 例〉；2.〈"脊椎病因治療學" 簡介〉，美國三藩市大學第四屆世界中醫大會，1988 / 7 / 29。(原每人發言規定 15 分鐘，執行主席認為是創新內容，與組委商議後通知我，將兩文合併演講，介紹總體研究成果，時間延長為一小時，報告受到大會讚揚，全場熱烈鼓掌。)

21. 龍層花，〈以正骨推拿為主的治脊療法治療冠心病心律失常及實驗研究〉等，《按摩與導引》論著與臨牀心得專欄發表論文，1990 / 1。

22. 段俊峰，〈脊椎病與冠心病心律失常相關的實驗研究及手法治療〉(碩士研究論文)，廣西南寧全國中醫推拿學會第二次學術會議大會報告，1990 / 10。(我被選為委員參會。)

23. 魏征、龍層花、張德新、段俊峰，〈脊椎病與內臟病相關的研究及中西醫結合治療〉，《頸腰痛雜誌》，第四期，1990 / 11，頁 28。

24. 魏征等，〈脊椎病與內臟病相關的研究及中西醫結合治療〉，《全國第三屆頸椎病學術研討會論文專題講座彙編一》，1991 / 10，頁 9。

25. 龍層花等，〈冠心病及心律失常的脊椎病因研究〉，《全國第三屆頸椎病學術研討會論文專題講座彙編三》，1991 / 10，頁 1。

26. 魏征、龍層花，〈治脊牀治療脊椎相關疾病的臨牀初步觀察〉，《按摩與導引》第五期，1992，頁 1。

27. 龍層花等，〈脊椎病與內臟病相關的研究及中西醫結合治療 5,645 例的報告〉，《中國人才研究會骨傷人才分會會員大會暨學術研討會議論文摘編》，1994 / 3。

28. 龍層花等，〈治脊牀治療脊椎相關疾病的臨牀初步觀察〉，《中國人才研究會骨傷人才分會會員大會暨學術研討會議論文摘編》，1994 / 3。

28. "ZJC 全自動治脊牀簡介"，《按摩與導引》第八期，1995，底封面。

29. 龍層花等，〈治脊療法治療脊椎相關疾病的臨牀初步觀察〉，《世界傳統醫藥優秀科技成果文集》第一卷，1999 / 3。

30. 龍層花等，〈"脊椎病因治療學"〉，《世界傳統醫藥優秀科技成果文集》第一卷，1999 / 3。

（按：共發表論文 38 篇，部分論文投刊但未發表，只在培訓班傳授，輔導研究生的論文均未列入。）

五、今生患重病回憶

除 6 歲時患頸部結核性淋巴腺炎（詳述於第一章第一節"苦難的童年"）外，患重病情況如下：

1. 1939 年 13 歲患腸傷寒。當時發高燒昏迷病危 20

天，無錢就醫，只用草藥，半年病癒後，遺患心瓣膜病。從醫後診斷心瓣膜閉鎖不全，上二樓很慢，上三樓氣短，中途或要休息 1-2 分鐘。

2. 1951 年 25 歲體檢發現貧血。醫藥無明顯效果，查明實是患地中海貧血症。

3. 1959 年 33 歲患重症肝炎，是廣州第一批發病的傳染性肝炎，當時尚未有明確認識和分型診斷。我院門診疑為甲狀腺功能低下或胃炎，而誤診誤治近三年多。至中山醫學院第一批學生大批患病，才被認識而診斷出傳染性肝炎，收我入院檢查而確診，已肝大平臍，脾大肋下 2.5 公分。後送羅浮山療養院休養 40 天，經練氣功，打太極拳、太極劍，爬山及每日服食 3 次 "生薑糖醋合劑" 及維他命 C 片，肝脾縮小，脾縮至肋上，B 超檢查出仍比正常大，但肋下已觸不到。肝縮至肋下 3.5 公分，三年後至肋下 2 公分至今，2012 年檢查 B 超，肝輕度纖維性變。

4. 1961 年 35 歲，躍子出生時胎盤滯留，助產士幫助娩出，不料胎盤仍有殘留。產後第五天，李主任查房，見惡露仍多，為我按摩後減少了就遵醫囑咐出院了。產後第八天半夜，在家睡夢中感到惡露多，一起牀下地便像流水般大出血，此期老魏出差不在家。我即臥牀呼喚住後房的褓姆卻未能叫醒，只好左手握拳扣打牆壁，吵醒鄰家文主任，我請他用竹桿從後窗挑醒我家褓姆，再請他叫醒李復金（老魏同班同學，麻醉科主任）。褓姆驚慌失措地開門，驚動了一層樓的外科醫生們。因當年宿舍大樓只有一部手搖電話，大家就分頭幫助我，有人去叫擔架，有人去請婦產科李景巽主治醫生，有人來幫扶我披衣上擔架。婦產科急診將我接到手術室，確診為「子宮內膜滯留」引發的大出血，用內填塞壓迫止血後，再做「清宮術」而癒。回病房後輸血500毫升，卻在輸入約50毫升後即引發惡寒震顫，輸血反應而中止，寒顫後即轉為高燒達攝氏40度。我昏睡到次晨醒來睜開雙眼卻已失明。我科同事聽說來探望我，我以為失明難以康復。當朱利光醫生握我手安慰我時，我按捺不住悲從中來而落淚。一個多月後，雙目開始有光感，逐步復明，但視力仍停留在0.6，未能再恢復到原有正常視力了。

由於當年正值經濟困難時期，物質奇乏，產婦只發一張肉票、一張雞票和一次雞蛋（記不清多少個了），因產後失血過多而貧血，母乳已回縮，不足餵飽孩子，只好憑票選買一隻母雞而不去為自己補養，留下生蛋煮粥給幼子吃。半年後春節前，每家發一張雞票，老魏屬高級技術人才，國家特殊照顧亦發一張票，從此養了三隻母雞。我在農村養雞多餵以生蒜瓣，可預防雞瘟（即雞患普通流感），保證這三隻母雞的性命。牠們成長到物質供應不需憑票取時，老雞下蛋少了，而我又患上肝炎，醫生囑咐要提高免疫力，這才分期殺雞以燉湯補養自己。

5. 1976 年 50 歲，記得那年的八一建軍節，又是星期日，與老魏去探望九妹，回程在建設新村的菜市場買了個小冬瓜，我和老魏輪流抱着冬瓜走回總醫院 23 號樓，（約二里多路程）一路歡聲笑語並無疲勞不適。不料即夜約凌晨 3 時感到下腹疼痛而醒，左右翻身均未能緩解，就安靜平臥擬再入睡，但腹痛卻漸漸加重，約 5 點時已開始急腹症表現，腹脹拒按，陰道有液體流出（出血），知病症已嚴重。看見天色漸明，只好推推老魏告訴病情，他急忙起牀並跑到 22 號樓請李景巽主任來。李主任初步診斷為婦科內出血的急腹症（陰道大出血），即請擔架送我去婦科急診剖腹探查，開腹發現是右側輸卵管大出血（估計出血量多於 1,800 毫升），李桂春主任懷疑子宮內惡性腫瘤內破裂，故指示作手術行全盤腔內大清除，包括子宮、附件、卵巢、淋巴結全切除。手術後月餘開始內分泌紊亂，患支氣管炎後又患哮喘，藥治無效。兩個多月後，打女性激素而迅速痊癒。但停女性激素兩個月後又反覆患多種病，包括胃腸功能紊亂、頑固失眠、哮喘、全身皮膚搔癢，又疑甲狀腺低下、腎上腺功能減退症……只有服女性激素才能痊癒。由此終生每月 20 日服一次女性激素片，此後平安無事。我未按醫生囑咐服用女性激素，以避免外源性激素的致癌副作用。此治療至 35 年後的今天，對我仍能有良好的老年保健效果，並能減緩我老年性骨質疏鬆症的程度。

6. 1979 年 53 歲，我常腹痛便血（肉眼血便），半年多發作越見頻密，病情漸重，先疑似為阿米巴痢疾，在本院以腸鏡（當年尚無纖維腸鏡）作第一次檢查時，只插入十多公分就已阻礙而中止。醫務處呂主任特別關照，給我寫封親筆信給南方醫院腸鏡室主任，請他為我檢查，但我去就診時卻被該主任婉拒，他不願冒此風險。後入住本院中醫科約一週便血加重，老魏聯繫白濤主任和李羣秀主任（由醫務部組織）為我作剖腹探查。在婦科術疤部，再次切開我的腹腔後，在腹內直視下，李主任插入腸鏡，白主任在腹內助腸鏡通過畸形的降結腸段插入達迴盲部，發現原來是我降結腸先天性畸形（冗長）。由於上次婦科手術將子宮、輸卵管、卵巢和相關淋巴結全切除大清空後，未為我加固盆／腹腔間的隔膜；又因我手術拆線後，仍堅待脊因研究和大量診治工作，推拿施術時腹壓增高，而導致降結腸穿破盆／腹間膜，穿破腹間膜墜入盆腔，腸墜落最低處與膀胱、直腸發生黏連，而內有一段強屈部扭轉黏連的降結腸已近黑色壞死，遂將此黏連壞死的畸形結腸剝離切除約 28 公分，修復破損的腹膜。白主任為防止腸黏連，為我切了一大塊大網膜脂肪炸油後放涼，再倒入腹內，才縫合腹壁。

此次創新的內外科聯合大手術探查，足足近五個小時。醫生、主任們的辛勞，我終生銘記和感恩，否則我可能活不過 60 歲，又哪能做這幾十年的醫教研呢？誠然，這次大手術是老魏的籌謀，以愛心貫穿始末的表達，他的愛情專一，始終不愧為愛妻心切。但這次大手術的防黏連失敗，這是由於住院看管我的李醫生對引流的處理欠妥當，手術後即晚就將油水引流出來，未發揮腹內防黏連的作用，次日拔引流管又太急且重，引起如腸扭轉的劇痛，導致此後至今飲食稍一疏忽，就會發生不完全性腸梗阻。每次發病初時多在臍左下旁部（引流管部位），近年 CT 檢查定位是小腸下段，漸擴大到左下腹。這成為我終生在飲食上的兩種避忌：一、硬質食物，二、辣性食物。

至於右側腹直肌較易痙攣，可能是手術作硬膜外麻醉時，因我外傷太多，穿刺遇棘上和棘間韌帶硬化（鈣化或纖維化），兩次穿刺均受阻而穿歪，其中一次滑刺到右側觸及肝區肋間神經而劇痛，從此當由左側臥位，翻身右側臥位時，偶有肝區痛的反應，而需即時更換姿勢調正後再翻身右側臥位，成為影響我後半生睡眠的手術後遺症。那次大手術，遭受了很多痛苦，當我辦出院手續時，卻受到普外護士的表揚，她説："龍醫生，你夠堅強的，你知道你入院初時，我們護理組是怎麼分析你的嗎？"我微笑着搖搖頭，表示不知道。她説："護理組多數人認為魏主任愛人嘛，要求高是肯定的，主任愛人嘛，是會較嬌氣的，這樣大的手術，且用創新方案，打開腹內才捅腸鏡定是會有手術後併發症的，重症病區特護，或需增加人手吧？……未料到你手術後雖入住重症病房，卻從不打鈴呼叫、不哭鬧，還叫人在牀尾架上，用一條繃帶布分段打了幾個結，就自行拉結起牀（因可減免腹肌用力），不用護士幫扶自己下地大小便，我們只需在你禁食期為你輸液一週。大家都很佩服你這麼能忍受疼痛的，真的……"我告訴她，康復科的工作教會我手術後需要靜養，及早下牀活動，才能快速痊癒，忍受手術後疼痛是必經之路，哭鬧只會增加痛苦。

7. 1986 年 60 歲，因腸梗阻入院，血壓不穩，檢查發現右側腎上腺瘤直徑為 2 厘米。

8. 我曾先後勞動或出差受傷，較重的兩次為：一、砍柴爬上三米高樹上，用力過大樹杈折斷，跌下後致骨盆旋移症，多年患左下肢冷厥感且輕度肌萎縮，早期有時坐骨神經痛發作，直至七十年代研究骨盆旋移症才治癒。二、1974 年出差重慶翻車重傷昏迷 20 多分鐘，胸骨體與胸骨柄分離，胸骨體插入胸骨柄後內側約 5 毫米，及右側胸鎖關節半脫位，左胸背及左肩臂大面積瘀血，吸收熱高燒到攝氏 40 度，導致胸廓變形失穩，致三級傷殘，此次創傷，留下的後遺症，成為老年期反覆發作的疾苦，幸虧都屬於自己課題中的疑難病症，故多由家人或同事助我康復。輕度發作多以自我練功調理，成為我每晨的功課。

六、人生感言：從成長歷練歸納成敗

一生不求名而終歸有名。"脊椎病因治療學"從頸椎病研究初期的 8 年多階段失敗中總結教訓，最後研究成功，成為我院創新科研成果。廣州軍區總醫院 2012 年全院三項創新技術中的一項國家級技術，世界脊柱醫學聯盟授予終身成就獎。（存檔資料）

一生不重利而終歸獲利。多年來獲多項實用新型專利。（治脊牀、牽引椅和兩種保健枕等專利證書，詳見我的著作。）

一生失養多病（淋巴結核、腸傷寒昏迷、重症肝炎），積勞成疾，大病、大出血 1,000-1,800 毫升、大手術各三次（婦科全切除、腸手術二次），六次大小車禍受傷致殘，而以堅強意志、醫療和康復鍛煉，克服傷病，堅持圓滿完成工作和研究。

一生歷經眾多劫難，經歷隨機而變的職業歷練。當農民、小學教師、入醫界，歷經三大行業，均由外行轉入內行，由非科班培訓出身，全靠自己刻苦和虛心學練，均能成為行內優秀的稱職者。從醫後由技師到醫師，由醫師到主治醫，由主治醫到顧問，由醫學院兼職老師到客座教授……

此生志願圓滿完成，忠於國家，忠於人民！對社會、對單位、對家庭和親朋，捫心自問。快樂人生來自一生清白，盡忠盡責，胸懷坦蕩！無愧、無怨、無憾、無悔了！

後記

　　2014 年 5 月 10-11 日，"第一屆國際脊椎病因學暨龍氏治脊技術研討會"，在廣州軍區廣州總醫院科技文化中心隆重舉行，"脊椎病因學"歷經 50 餘年、經兩代醫學工作者潛心研究。我和老魏從 1956 年響應中央號召走中西醫結合的道路，創立新中國的新醫學開始，初期立項中西醫結合診治頸椎病，繼而發展研究脊椎病與脊椎相關性疾病的防治，弘揚中國傳統醫學的同時，與現代醫學相結合而形成中西醫結合的治脊療法理論和治療技術，現已發展成為一門集多學科、多系統、範圍廣的醫學專科。

　　經過學術交流和教學傳授，目前在國內、港、澳、台、東南亞、日本、美國和加拿大等地區和國家，創建了手法交流的三個學術平台，讓中醫推拿學和西醫手法醫學的各學術流派切磋交流，深受學者和患者的好評。2000 年後獲得國家衛生部批准為"全國適宜推廣項目"。

　　近年，在部分學員和教授們熱情提出倡議下，為加速本學科的發展，建議在廣州召開"第一屆國際脊椎病因學暨龍氏治脊技術研討會"。大會主題為"脊椎病因學對疑難病的診治防經驗交流和理論探討", 重點進行脊椎相關疾病暨正骨推拿診療學術交流, 500多名代表參會, 十多位專家或教授作專題, 使與會代表深受教益。大會盛況空前, 圓了我和老魏幾十年辛勤工作、攻堅克難、開拓創新的"科研夢"。

欣喜這本自傳的初稿, 恰巧在首屆研討會召開期間由商務印書館送交我手, 也正好為我和老魏多年在脊椎病因學的研究成果作一總結。繼往開來, 希望同志們在治療脊椎病方面繼續努力, 造福人類。